GÉNÉRAL TROCHU

L'ARMÉE FRANÇAISE

EN 1867

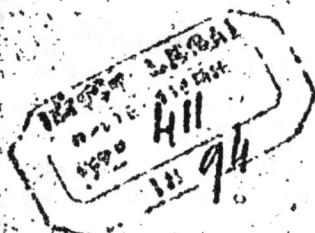

PARIS   LIMOGES

11, PLACE SAINT-ANDRÉ-DES-ARTS.   46, NOUVELLE ROUTE D'AIXE, 46.

HENRI CHARLES-LAVAUZELLE

Éditeur militaire.

—

1895

L'ARMÉE FRANÇAISE EN 1867.

—

(EXTRAITS)

COLLECTION DES GRANDS ÉCRIVAINS MILITAIRES

Général TROCHU

L'ARMÉE FRANÇAISE

EN 1867

PARIS || •LIMOGES
11, PLACE SAINT-ANDRÉ-DES-ARTS || 46, NOUVELLE ROUTE D'AIXE, 46.

Henri CHARLES-LAVAUZELLE

Éditeur militaire.

1895

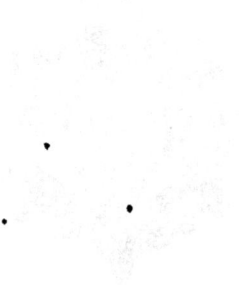

AVERTISSEMENT DE L'ÉDITEUR

—

Nous nous proposons d'offrir à l'armée française la collection, aussi complète que possible, des œuvres principales de nos grands écrivains militaires. Nous fournirons ainsi aux officiers un instrument de travail et des moyens d'étude qui leur font trop souvent défaut. Mais nous espérons que notre publication sera également utile à d'autres et que, dans les bibliothèques de sous-officiers notamment, elle sera bien accueillie. Aussi avons-nous abaissé le plus possible le prix de vente des ouvrages qui la composent, et, en même temps, nous n'avons pas hésité à faire subir au texte certaines modifications, en vue d'en faciliter la lecture. C'est ainsi que nous avons supprimé les passages qui n'ont plus aucun intérêt pour notre époque, se rapportant à des controverses oubliées, défendant des innovations aujourd'hui acquises, etc. De même, nous nous sommes efforcé de rendre plus clairs des détails techniques exprimés avec des termes tombés en désuétude ou détournés par un long usage de leur acception primitive. Ce n'est donc pas le texte intégral dans toute sa pureté que nous donnons, attendu que nous nous adressons à des militaires qui s'intéressent à l'histoire de leur profession et non à des érudits qui tiennent avant tout à la connaissance des œuvres sous leur forme originale.

Le général Trochu a bien voulu nous autoriser à faire ce travail sur son beau livre l'*Armée française en 1867*, livre actuellement épuisé. Aucun ouvrage n'était mieux désigné pour ouvrir notre série, car, sans parler du retentissement considérable qu'il a eu à son apparition, on peut affirmer que son influence a été grande sur les destinées de notre pays. N'est-ce pas pour l'avoir écrit que le général Trochu a été porté par le mouvement irrésistible de l'opinion publique à la tête du gouvernement de la Défense nationale? Et n'est-ce pas, d'autre part, le rôle que l'auteur a joué pendant le siège de Paris qui l'a empêché de faire prévaloir ses idées contre l'opposition de M. Thiers, lorsque l'Assemblée nationale s'occupa, après la guerre, de la reconstitution de l'armée? Jamais livre ne vint plus à son heure et n'eut une action plus directe, plus décisive, plus profonde sur un peuple.

Que si la génération actuelle en a perdu le souvenir, nous n'avons qu'à invoquer le témoignage des contemporains.

« L'écrit du général Trochu est tombé comme une bombe devant le projet de loi, écrivait Dourdan, le 1er avril 1867. Il y a du Catinat et du maréchal de Saxe dans ce général Trochu. Il ne ménage rien ni personne, et tout cela avec une vraie modération dans le fond comme dans la forme. Cette sortie en faveur de la vérité est un beau fait d'armes; elle ne l'aidera pas néanmoins à devenir maréchal de France. Il a fait cela comme on monte à l'assaut, non pour son plaisir, mais parce qu'il y a dans ce livre bien des vues originales et profondes. Les effets d'un service trop prolongé sur le soldat, la nécessité de renouveler souvent, sinon les cadres, du moins le gros d'une armée permanente, tout cela est d'une analyse et d'une observation singulièrement sagaces. »

Le même écrivain expliquait, dans la même lettre, adressée à M. Piscatory, comment l'auteur de l'*Armée française en 1867* avait composé son livre.

... « Faites des notes tous les jours, le plus développées qu'il se pourra, et, un beau jour, avec un bout de fil, vous coudrez ces feuillets, et ce sera un livre intéressant et original. Le général Trochu n'a pas procédé autrement; ce sont des notes faites en Crimée, où le papier était rare; en Italie, où on était pressé d'affaires; en Afrique, du côté d'Isly. Je crois que les hommes qui écrivent sont ceux qui profitent des petits moments. On n'a jamais son temps devant soi comme une ménagère a une longue pièce de toile. La vie ne donne que des petits carrés d'étoffe; mais les gens industrieux font avec cela de belles courtes-pointes qui sont pourtant tout d'un tenant. »

Comme le disait Dourdan, le général Trochu avait pris part à la guerre de Crimée, à la campagne d'Italie, à la conquête de l'Algérie, et ce théoricien s'était instruit par la pratique. Élève favori du maréchal Bugeaud, sous l'invocation duquel il a placé son premier écrit, c'est à lui qu'on attribue le plan de l'expédition de 1855. Qu'il l'ait ou non inspiré, il a participé à son exécution sous les ordres de Saint-Arnaud. C'est à lui, dit un de ses biographes, que nos soldats, décimés par le choléra, doivent de n'avoir pas péri de maladie dans la Dobrutschka et d'être partis pour la Crimée. Blessé à l'assaut du bastion central devant Sébastopol, général de division en Italie, en remplacement du général Bonat, mort à Suze (de colère, dit-on, parce que le service d'intendance était déplorable), le général Trochu s'était distingué particulièrement à Solférino. C'est lui qui, le soir, débouchant dans la plaine de Guidizzolo, dégagea le corps de Niel et mit les Autrichiens en déroute. Deux juges compétents en matière de courage rendent hommage à la façon dont le général Trochu a conduit ses troupes ce jour-là. C'est d'abord le maréchal Canrobert, qui, dans son rapport officiel, s'exprime ainsi :

La brigade Bataille (19e chasseurs à pied, 43e et 44e de ligne) a été lancée de nouveau et, conduite avec un admirable entrain par le général Trochu, a refoulé définitivement l'ennemi, qui n'a plus reparu.

C'est ensuite Niel, qui reconnaît de bonne grâce le service que lui a rendu son camarade :

Avec autant d'ordre et de sang-froid que sur un champ de manœuvres, il enleva à l'ennemi une compagnie d'infanterie et deux pièces de canon, et arriva jusqu'à demi-distance de la Casanova à Guidizzolo.

Entrain, ordre, sang-froid, courage, il est bon de rappeler qu'il eut ces belles qualités militaires, l'officier que certains représentent comme un pur théoricien, comme un simple philosophe, voire comme un rhéteur. Philosophe, oui, il l'est, en ce qu'il attribue aux facteurs moraux une influence prépondérante, en ce qu'il croit aux causes intangibles, en ce qu'il fait dans ses études une large place aux considérations psychologiques. Et il l'est encore en ce qu'il a voulu se retirer dans l'obscurité: il se tient à l'écart, silencieux, cherchant à se faire oublier, mais non indifférent. Ce vieillard de quatre-vingts ans (il est né le 12 mars 1845, dans le Morbihan) s'intéresse encore passionnément aux choses de l'armée, et il nous en a donné la preuve en nous autorisant à réimprimer son livre avec telles suppressions que nous voudrions. Nous n'en avons guère retranché que les chapitres intitulés : « Recrutement et réserve. — De la dispersion des troupes dans les garnisons. — Des paniques devant l'ennemi. — Réorganisation de l'armée. — De la loi de recrutement. » — Dans ce dernier, l'auteur développe des propositions tendant à la constitution d'une armée de 700.000 hommes. Le service universel nous a donné des effectifs autrement élevés, et nous sommes loin du terme de cinq ans qu'il assignait à la durée du service actif : nous nous en éloignons tous les jours. Cette partie de son travail est donc devenue caduque et personne ne se plaindra de sa disparition.

On ne lira que plus volontiers les pages qui vont suivre, pages pleines de bon sens, de patriotisme et aussi d'éloquence.

A LA MÉMOIRE DU MARÉCHAL BUGEAUD

Vous étiez, vénéré maître, de cette forte race de soldats dont le caractère s'était trempé dans la lutte contre une rude destinée, dont l'expérience s'était faite au milieu des plus glorieux événements et des plus douloureuses vicissitudes de notre histoire.

Je veux, dans un court et impartial récit, vous faire connaître à la génération des jeunes officiers du temps présent et leur montrer pourquoi je mets ce livre sous l'égide de votre nom, cher à l'armée française et cher au pays.

LE MARÉCHAL BUGEAUD

—

Le maréchal Bugeaud était né (1784), au moment où s'annonçait la grande tempête sociale qui allait ébranler le monde, dans une famille qui fut ruinée par elle et dispersée. Il n'avait participé que très incomplètement à ces bienfaits de l'éducation et de l'instruction qui, dans les temps réguliers, préparent les hommes aux devoirs et aux efforts de la vie publique. Son adolescence, abandonnée et presque sauvage, s'était écoulée au milieu des bois de la Dordogne (1); sa jeunesse, ardente et énergique, au milieu des camps des grandes armées (2).

Ces deux périodes de sa vie, remplies de traits fortement accusés, avaient révélé en lui la passion, l'intelligence, l'initiative, l'audace réfléchie, et montré en germe les grandes facultés qui devaient de bonne heure le faire sortir de la foule, lui donner sur elle un ascendant presque invincible et l'élever à une destinée supérieure. Mais, en même temps, par ces commencements singuliers, tout son être fut marqué de la double empreinte de l'homme des champs et du soldat.

_____

(1) Il était passionné pour la chasse, et il m'a souvent raconté que, dominé par des nécessités d'économie, il cheminait les pieds garantis par une chaussure d'écorce dont lui-même était l'inventeur et le fabricant.

(2) Il s'était, en 1804, engagé dans les vélites au camp de Boulogne. A Austerlitz (2 décembre 1805), il était caporal de grenadiers.

qui résista aux contacts et aux enseignements de la
politique, à l'expérience des grandes fonctions, aux
leçons des salons, aux efforts de tous, et qui fut jusqu'à la fin le cachet indélébile de cette existence pleine
d'originalité, d'accidents et de grandeur.

Si, dans l'étude de la carrière du maréchal, on s'a-
rête de parti pris, comme l'ont fait longtemps ses adversaires politiques, au sans-façon des attitudes, à de certaines faiblesses, à des contrastes souvent très heurtés,
à des témérités indiscrètes et hasardées, on juge partiellement et l'on juge mal. Ses débuts dans la vie et
dans le monde, l'ardeur de ses convictions, les excitations de la lutte expliquaient surabondamment ces
écarts du moment, où dominaient, à ne pouvoir s'y
méprendre, la bienveillance et la bonhomie. Mais
comment ne pas s'incliner devant la sincérité de son
patriotisme, la fermeté de son incomparable bon sens,
l'ampleur de ses vues, la richesse de son expérience,
la simplicité véritablement antique de ses habitudes et
de sa vie ?

De ces grandes facultés naturelles, la plus remarquable peut-être était l'intrépidité singulière, sans apprêt
comme sans limite, qu'il montrait dans le péril. Elle
se rattachait, chez le maréchal, à un état habituel de
l'âme qui était supérieur, je le crois, à toutes les impressions et à toutes les émotions que la guerre peut
faire naître. Il lui devait le précieux avantage de garder au milieu des drames les plus saisissants, une sécurité d'observation, une solidité de jugement qui
lui permettaient d'analyser la situation et de prendre
son parti avec un esprit inaccessible au trouble, d'une
sagacité rare, et que le sentiment de la responsabilité
même la plus lourde n'agita jamais.

Il était en état permanent de professorat militaire,

propageantavec une infatigable activité, sans le moin-
dre souci de la qualité ou du rang de ses auditeurs, ce
qu'il appelait « les idées justes ». C'était tout un trésor
de philosophie professionnelle, où des principes de
guerre fondés sur l'attentive observation des divers
états de l'âme humaine et de l'esprit des troupes au
milieu des périls étaient affirmés par le récit émou-
vant de faits qui remontaient à la bataille d'Austerlitz et s'étendaient à toutes les luttes du premier
Empire.

Le vélite du camp de Boulogne était chef de corps à
trente ans. Il s'était signalé dans la guerre de la Péninsule par des actes d'intelligente vigueur qui dépas-
saient de beaucoup, dans leur importance et dans leurs
résultats, ce qu'on appelle communément des actions
d'éclat. C'étaient de véritables coups de main très in-
génieusement combinés, très audacieusement exécu-
tés, qui faisaient pressentir le général en chef dans le
capitaine de grenadiers. A Pultusk, aux sièges de Lé-
rida, de Tortose, de Tarragone; au combat d'Yecla, où
il enleva avec deux cents hommes un corps de huit
cents Espagnols; à Ordal, où il détruisit avec dix compagnies d'infanterie un régiment anglais et prit un
parc d'artillerie, il s'était acquis une renommée qui
lui fit, aux armées d'Aragon et de la Catalogne, un
rôle de premier ordre. Enfin, en Savoie, dix jours
après le désastre de Waterloo, il battit à l'Hôpital-sous-
Conflans (28 juin 1815), avec dix-sept cents hommes
d'infanterie, un corps autrichien de six mille hommes
dans une magnifique action de guerre qui dura toute
une journée et où il montra d'inépuisables ressources
de résolution et d'habileté. Le combat de l'Hôpital eût
suffi à l'illustration de son nom si la grandeur des
événements politiques, dominant ces suprêmes efforts

de la guerre, n'en eût étouffé le retentissement (1).

C'est alors que, emportant avec lui l'honneur d'avoir combattu le dernier pour la défense du territoire, il revit les bois de la Dordogne et ses foyers. C'est alors que commença pour lui cette seconde carrière où l'attendaient d'autres luttes et d'autres efforts; où il dut reconquérir, par la plus persévérante économie, *un champ après l'autre*, comme il le disait souvent, le domaine paternel passé en des mains étrangères. L'agriculture, où il ne tarda pas à exceller, devint la passion de sa vie, et il y apporta les aptitudes, les pratiques, le rare bon sens qu'il avait naguère montrés dans les armes.

Cependant, il voulut faire à d'autres travaux une part dans les loisirs de sa retraite. Lisant avec choix, discutant ardemment, méditant sur la chose publique, il se fit lui-même le fonds de savoir, de culture d'esprit et d'expérience des affaires avec lequel il put tenir dans le monde, quand il y revint, et dans les assemblées politiques, la haute place où nous l'avons vu.

Je ne sais rien de plus caractéristique et de plus attachant que cette évolution de trente ans dans l'exis-

---

(1) Le trait qui caractérise peut-être le mieux le maréchal Bugeaud dans les années de sa jeunesse se rattache à la capitulation de Baylen de douloureux souvenir. On était en 1808. Il appartenait comme sous-lieutenant à un régiment de marche qui, à une demi-journée du corps principal du général Dupont, fut informé qu'on l'avait compris dans la capitulation. Les officiers réunis venaient d'apprendre ce désastre, quand le sous-lieutenant Bugeaud, prenant la parole, soutint qu'une troupe sous les armes n'était tenue par une capitulation faite en dehors d'elle qu'autant qu'elle n'avait aucun moyen de s'y soustraire. Il dit qu'on pouvait par une marche rapide gagner la montagne, puis Madrid, et qu'il s'offrait pour former l'arrière-garde avec ses grenadiers. Son langage enflammé releva les âmes abattues. On chemina suivant les indications de route qu'il avait fournies en chasseur expert et qui avait fouillé le pays. Les trente lieues à parcourir devant les détachements ennemis qui couvraient la campagne furent heureusement franchies, et le régiment fut sauvé.

tence du maréchal, qui commence au camp de Boulogne, le ramène, à travers cent actions d'éclat, dans les champs de la Piconerie, l'y fixe quinze ans, et enfin le rejette pour le reste de sa vie dans la lutte politique et dans l'armée. N'était-il pas prédestiné à léguer à ses descendants la simple et belle devise qui devait plus tard résumer sa carrière et la conserver dans nos souvenirs : *Ense et aratro?*

J'ai rappelé la vie du maréchal Bugeaud à grands traits, dans sa période qui est aujourd'hui la plus oubliée ou la moins connue. Je ne referai pas l'histoire contemporaine en le suivant dans l'œuvre de la conquête algérienne, qui acheva sa renommée. La persévérance des efforts, l'éclat des moyens, la grandeur des résultats, forcèrent ses plus ardents contradicteurs à s'incliner devant l'homme et devant les services rendus. Les récits des soldats rentrant dans leurs foyers le firent populaire. A un mouvement particulier de ses épaules, ils avaient deviné, dans ce général en chef, le grenadier qui avait autrefois porté comme eux le havresac. Son attentive sollicitude pour leurs besoins, ses ménagements pour leurs fatigues, sa résolution dans le danger, sa bonhomie, le leur avaient rendu cher. Ils l'appelaient affectueusement « le père Bugeaud », comme autrefois les vétérans de Louis XIV appelaient Catinat « le père la Pensée (1) ».

L'âge avec les cheveux blancs était venu, remplaçant la fougue des jeunes années par la sérénité calme

---

(1) Le maréchal Catinat se présentait habituellement aux troupes, les mains réunies derrière le dos, la canne passée sous le bras gauche, la tête inclinée dans l'attitude de la réflexion. Les soldats, à qui il était cher, disaient : « Voilà le père la Pensée. » Le surnom lui en resta parmi eux.

et sûre d'elle-même qui impose à tous le respect.
Quelle distance entre le député batailleur de 1834,
plein de courage civil, mais plein de rudesse, et le
vieux maréchal qu'une nouvelle génération retrouvait
en 1849 au premier rang des défenseurs de l'ordre en
péril ! C'est alors qu'il prononçait dans l'assemblée,
quelques jours avant sa mort, au milieu de la tempête des passions politiques, et en s'adressant aux
siens, ces belles paroles qui resteront acquises à l'histoire comme une grande leçon :

« Les majorités sont tenues à plus de modération
que les minorités. »

Le maréchal Bugeaud écrivait et parlait avec une
remarquable facilité, avec une éloquence entraînante,
inégale quelquefois, toujours originale, pittoresque,
imagée. Sa parole, quand il haranguait les troupes
sous l'empire d'une grande passion et d'une grande
conviction, atteignait à des hauteurs imprévues. Lequel d'entre nous n'a encore la mémoire et l'âme
remplies de ce discours, digne de Tacite par la grandeur des aperçus et par la sobriété du langage, où il
nous annonça, le soir du 13 août 1844, dans l'Ouer-
defou, à la lueur des torches, sa ferme résolution de
livrer bataille le lendemain à Isly ! Les soldats, saisis
d'enthousiasme, bordaient les escarpements des deux
rives, et quatre cents officiers, pressés au fond de
l'étroite vallée, acclamaient palpitants leur général,
dont la haute taille et la voix retentissante dominaient
toutes les tailles et toutes les voix. Quelle grande scène
militaire ! Quelle énergique et intelligente démonstra-
tion il nous fit entendre, de l'invincible supériorité,
dans le combat, des petits groupes organisés sur les
grandes masses dépourvues d'organisation, à la condition d'une ferme attitude inspirée par la conscience

même de cette supériorité! Nous fûmes tous persuadés, entraînés. Nous vîmes se resserrer étroitement entre notre chef et nous, sous l'influence de cette parole qui prouvait la victoire, des liens de solidarité et de confiance qui disaient assez ce que serait la journée du lendemain.

———

J'ai eu l'inappréciable fortune de vivre dans l'intimité militaire du maréchal Bugeaud à l'âge où se forment, par les enseignements d'autrui, la réflexion et l'expérience; et sans doute, entre toutes les dettes que j'ai contractées envers lui et qui me pénètrent de gratitude et de respect pour sa mémoire, celle-là est la plus grande. Ma situation auprès de lui, par ma jeunesse et par mon rang dans l'armée, était subalterne, et je ne puis prétendre à l'honneur d'avoir été son collaborateur. Je me suis borné à dire ce qu'il était. J'ajoute que je l'ai attentivement écouté, et qu'ainsi je puis légitimement placer sous l'autorité de son nom des principes et des doctrines qui sont oubliés ou méconnus, et qui, pour la plupart, appartiennent à cet illustre soldat.

———

INTRODUCTION

———

« Les flatteurs sont les pires ennemis. »
(TACITE.)

J'offre cet écrit aux hommes de bonne volonté, qui
ont de fermes croyances — qui aiment sincèrement le
pays — qui servent loyalement et sans arrière-pensée
le gouvernement du pays — qui gardent le sentiment
des respects — qui cherchent la vérité, la mettant
au dessus de toutes les habiletés, de tous les calculs,
et qui la disent.

Je l'offre en particulier à mes compagnons de l'armée, à ceux-là qui ont le culte de leur profession —
qui sont passionnés pour sa dignité et pour sa grandeur — qui veulent que l'armée soit la sauvegarde et
l'exemple de tous.

Ces études n'étaient pas destinées à former un livre.
J'avais recueilli, dans le cours de ma carrière, une
série d'observations et de notes sur les faits qui ont
successivement transformé les habitudes, les mœurs
et l'esprit de l'armée; sur son rôle dans la société
française d'autrefois et dans celle d'aujourd'hui; sur
sa constitution, son organisation, son fonctionnement
dans la paix et dans la guerre.

En 1860, peu après la guerre d'Italie, l'esprit agité
par les révélations et les avertissements qu'elle nous

avait apportés, j'avais eu la pensée de compléter et de réunir ces notes dispersées, de leur donner une conclusion et de former ainsi un corps de doctrines qui pourrait un jour être utilement consulté. Mais plus j'avançais dans ce travail, mieux se dessinait à mes yeux son véritable et inévitable caractère. C'était une œuvre de critique. Une œuvre de critique sur l'armée française! Etait-ce possible? Comment la présenter à l'opinion, dont les tendances et les traditions sont, en cette matière, absolument optimistes?

Découragé par ces réflexions, j'avais laissé mon livre, non pas volontiers. J'y revenais de temps en temps, écrivant pour moi seul, sous l'impression du moment, souvent à plusieurs années d'intervalle, quelques pages presque aussitôt abandonnées; mais je ne pouvais me résoudre à renoncer définitivement à mon entreprise, et j'avais à ce sujet une sorte de remords que je dois expliquer.

La guerre de Crimée, dans la mesure qu'elle comportait comme guerre de siège; la campagne d'Italie, dans une mesure plus étendue, nous ont montré les opérations militaires livrées à un décousu qui a été quelquefois jusqu'au désordre. Tous, nous en avons été frappés, et tous nous en avons aperçu le danger. Nous avons eu à regretter l'insuffisance de certains moyens nécessaires, la surabondance de quelques autres moyens moins importants, des secousses, l'emploi fréquent des expédients, dans une confusion qui exprimait clairement que la *préparation* n'avait pas été mûrie. En même temps, nous avons compris que le succès, bien qu'il eût couronné nos efforts, eût été moins disputé, peut-être plus décisif au point de vue de la politique de la guerre, si nos troupes avaient combattu avec autant d'ordre et de méthode qu'elles avaient *montré* d'élan.

Ces faits sont graves assurément. Dans la préparation de la guerre et dans la guerre, il y a pour les armées des *principes fondamentaux* dont elles ne s'écartent jamais sans hasarder beaucoup. N'est-ce pas un impérieux devoir de montrer les périls de l'oubli où ces principes sont tombés?

J'en étais là de mes réflexions et de mes incertitudes, écrivant mon livre, l'abandonnant et le reprenant, quand les événements de la lutte austro-prussienne ont éclaté comme la foudre sur l'Europe. Ils lui apportaient des enseignements d'un haut intérêt, nouveaux, plus faciles à saisir que ceux de la guerre de la sécession en Amérique, très frappants eux-mêmes, mais qui s'étaient produits dans un lointain et au milieu de circonstances spéciales, où la part de l'inconnu était trop grande pour que nous en pussions bien juger.

Ces événements consacrent, à mon avis, la plupart des principes et des vues dont je suis depuis longtemps l'un des avocats les plus convaincus. J'ai voulu prendre acte de ces nouvelles preuves acquises au procès et m'en servir pour la défense de la vérité. Je suis revenu à mes notes, je les ai complétées. Elles sont restées ce qu'elles étaient dans l'origine, de courtes monographies indépendantes les unes des autres et n'exprimant que des principes.

La France, jusqu'au dénouement de la guerre de Bohême, se reposait, dans la sécurité et dans la sérénité, sur son armée, du soin d'assurer le prestige militaire du pays et de faire triompher sa politique partout où les circonstances l'exigeraient. Les assemblées délibérantes avaient entendu, le public avait lu, sur ce thème, les plus répétées et les plus brillantes affirmations. Si, dans ces dix dernières années, quelques-uns en contestaient la complète réalité, ils rencontraient l'incrédulité, le dédain, quelquefois l'indignation. On ne les admettait pas à la preuve : on leur opposait le triomphe des armes françaises en Orient et en Italie, alors que ces contradicteurs du sentiment public, tous militaires ayant eu rôle de témoins et d'acteurs dans ces deux campagnes, y avaient expressément rencontré les avertissements, les leçons, les prévisions dont ils demandaient instamment et impuissamment que l'avenir tînt compte.

D'autre part, il était acquis que la constitution militaire de la Prusse, « qui ne faisait que de jeunes soldats » en imposant à toutes les classes du pays des charges accablantes, était faible, et que l'armée prussienne manquerait d'équilibre le jour où elle rencontrerait l'ennemi qu'en réalité elle n'avait pas aperçu depuis 1815. Cette doctrine était officiellement professée dans nos écoles militaires (1). Elle appartenait à l'armée, au public, à moi-même avec quelques hésitations.

Vient la succession si rapide des actions de guerre que couronne la décisive bataille de Sadowa. L'armée de conscrits réalise devant la vieille et bonne armée autrichienne, à qui son attitude en Italie avait valu toute notre estime, le fier adage militaire : « Je suis venu, j'ai vu, j'ai vaincu. » Le fusil à tir continu entre assurément pour une part importante dans ce résultat si

---

(1) L'armée prussienne, dans laquelle le temps de service est très court, n'est en quelque sorte qu'une école de landwehr. C'est une organisation magnifique sur le papier, mais un instrument douteux pour la défensive *et qui serait fort imparfait pendant la première période d'une guerre offensive...*

« L'Autriche, dont la population est d'environ trente-sept millions d'habitants, a une grande et belle armée qui laisse loin derrière elle, comme organisation, les armées prussienne et russe. Après la France, l'Autriche occupe le premier rang comme puissance militaire. »

(Cours d'art militaire professé en 1864 à l'École d'application de l'artillerie et du génie, à Metz.)

peu attendu. En dehors et au dessus de l'effet matériel,
l'inégalité de l'armement — jugée à l'avance par les
troupes — produit un effet moral, de confiance pour
celles-ci, de doute pour celles-là, qui est presque invincible. Quels efforts, je le demande aux hommes qui
ont fait la guerre, pourraient rendre l'assurance et la
foi, qui créent le succès, à une infanterie saisie par le
sentiment contagieux de l'impuissance relative de son
arme ? Le fusil à aiguille était donc un élément très
réel de supériorité ; mais tous les militaires capables
d'impartialité reconnaissent que l'armée prussienne
a fait preuve de solidité, d'esprit de suite et qu'elle a
montré une rare activité (1).

Sur ces événements, la France se réveille comme en
sursaut, s'émeut et s'agite. Les uns veulent l'adoption
immédiate de la constitution militaire prussienne,
dans un sentiment qui va du dédain à l'idolâtrie, sans
transition. Les autres le repoussent énergiquement, et
le conflit des projets commence, avec des chances d'in-
terminable durée, car les *principes* ne sont ni définis
ni discutés. Les *chiffres* seuls sont en cause.

Ne nous passionnons pas, ne nous agitons pas ; examinons dans le calme, comparons sans parti pris, sa-
chons entendre la vérité. Faisons à présent ce que
nous aurions dû faire dès la fin de la campagne d'Italie,

---

(1) Si, comme je l'ai montré dans une note précédente, nous n'avions
pas avant Sadowa une haute idée des facultés offensives de l'armée
prussienne, nous lui rendions sous d'autres rapports plus de justice :

« Mais le niveau moral est peut-être plus élevé dans l'armée prussienne que dans toutes les autres armées de l'Europe. Les sentiments
d'honneur et de patriotisme sont très développés parmi des soldats qui
appartiennent aux classes élevées de la société, dans une proportion
plus grande que dans les armées où le remplacement est permis. Par
sa composition, l'armée en Prusse est l'image fidèle de la nation. »

(Cours d'art militaire professé en 1864 à l'École d'application de l'artillerie et du génie, à Metz.)

nous livrant à ce travail d'esprit qui consiste, d'après
le maréchal Bugeaud, « à constater les effets, à re-
» chercher les causes et à déduire du rapprochement
» de ces deux éléments d'examen, *le vrai*, c'est-à-dire
» ce qu'il aurait fallu faire ou ne pas faire. »

Au grief que certains esprits ne manqueront pas
de m'imputer, d'introduire le public du dedans et du
dehors dans la confidence d'une discussion où sont
examinés le fort et le faible de l'armée française, je
réponds sans hésiter par des raisons qui sont sur ce
point une profession de foi convaincue:

Le temps, avec les enseignements et les redressements qu'il apporte, a fait justice, dans le monde
moderne, de cet esprit étroit qui conduisait autrefois
les gouvernements à cacher, avec un soin jaloux, les
secrets à l'aide desquels ils prétendaient assurer le
triomphe de leurs armées, de leur commerce, de leur
industrie, etc. A présent que les nations, au lieu de se
renfermer chez elles, vivent en état d'échanges continuels, au milieu des informations d'une publicité illimitée, le mystère à l'égard des inventions nouvelles
et des perfectionnements de toute sorte est à la fois
inutile et impossible. On sait aujourd'hui ou l'on saura
demain. C'est la loi des temps (1). Les armées bien
avisées seront celles, au contraire, qui, mettant cartes
sur table, soumettront leurs voies et moyens à la discussion la plus étendue, par comparaison avec les
voies et moyens des autres armées *qu'elles auront l'o-
bligation d'étudier avec soin*. Je parlerai donc libre-

---

(1) Nous avons eu presque aussitôt que les Prussiens eux-mêmes le
modèle du fusil à aiguille. Il était expérimenté dès 1850 à notre école
de tir de Vincennes.

ment, et mon patriotisme avertissant ne se croira infé-
rieur ni en sincérité ni en utilité au patriotisme qui
admire ou se tait.

Le gouvernement et le peuple autrichiens, tout le
monde le sait, avaient dans la solidité de leur armée,
bien que plus d'une fois malheureuse à la guerre, une
confiance que justifiait entièrement l'histoire du pays.
Cette armée elle-même se considérait à bon droit
comme la plus éprouvée des armées allemandes. La
pensée d'être partout battue, désorganisée, partiellement détruite, démoralisée en quelques jours sur son
propre terrain et au milieu de ses forteresses, lui eût
paru intolérable avant l'événement ! Quel service cependant aurait rendu à son pays un officier autrichien
qui, passant outre aux susceptibilités militaires nationales, eût hardiment démontré à ce gouvernement et
à cette armée « qu'ils s'endormaient dans les choses
» du passé; qu'ils vivaient sur des traditions respec-
» tables mais vieillies qui n'étaient plus en rapport avec
» les longs et minutieux efforts de préparation, avec
» l'énergique ressort, avec les vitesses de toute sorte,
» avec les manœuvres simplifiées, avec les perfection-
» nements mécaniques qui sont les exigences absolues
» de la guerre contemporaine ! »

D'ailleurs — j'écrivais ceci en 1862 — il n'y a pas à
révéler l'armée française aux officiers étrangers. In-
struits comme ils le sont presque tous, studieux, cher-
cheurs, observateurs particulièrement attentifs à tout
ce qui se passe en France, *ils nous savent beaucoup
mieux que nous ne nous savons nous-mêmes.* Dans la
guerre de Crimée, dans la guerre d'Italie surtout, ils
ont parfaitement saisi nos imperfections et spécialement le point vulnérable de nos habitudes de tactique
sur le champ de bataille. Ils les dénoncent dans une
foule d'écrits, et nous avons pu lire notamment une

brochure prussienne attribuée à un prince prussien (1), *Mémoire militaire*, avec un premier chapitre intitulé : « Des moyens de combattre les Français », qui a provoqué parmi nous le sourire des uns, la colère des autres, et qui méritait en réalité d'être médité. Son auteur montre un rare esprit d'observation, un sens droit, une âme haute, et, sans être fort expérimenté dans la matière militaire française, il fait voir qu'il l'a étudiée et qu'il l'a comprise.

Voilà mes lecteurs bien avertis que je ne me suis pas proposé le thème commode, toujours populaire et dont on a trop abusé dans notre pays, d'exalter l'armée française dans ses incontestables qualités, de taire ses défauts. Je suis fermement convaincu que la modestie, par où nous ne brillons guère, est une force pour les officiers d'une armée. Elle les conduit à se pénétrer de cette grande maxime de guerre que le maréchal Bugeaud plaçait dans son estime et dans ses leçons avant toutes les autres :

« On ne dédaigne pas impunément son ennemi, quel qu'il soit. »

Mais si j'épargne dans cet écrit à l'armée française les louanges de parti pris qu'on lui prodigue et qu'elle-même se donne quelquefois, je prouverai que je sais ce qu'elle vaut, en montrant résolument à ses adversaires, sans craindre de la leur livrer dans les guerres à venir, ce qu'elle a et ce qu'elle n'a pas.

---

(1) Je ne savais pas en écrivant ces lignes, peu après l'apparition de cette brochure (1860), que son auteur, qu'on disait être le prince Frédéric-Charles de Prusse, serait l'un des vainqueurs de Sadowa.

Le maréchal de Saxe, le vainqueur de Fontenoy, de Rocoux et de Lawfeld, dont les passions, la singularité, le goût pour la bataille et les hautes facultés faisaient l'un des hommes les plus extraordinaires de son temps, donnait pour préface à son livre célèbre *Mes Rêveries* la déclaration suivante :

« Il serait hardy de dire que toutes les méthodes qu'on employe à présent à la guerre ne valent rien; car c'est faire un sacrilége que d'attaquer les usages, moins grand cependant que d'établir des nouveautés. *Je déclare donc que je tâcherai seulement de faire voir les abus où nous sommes tombés.* »

Ces réflexions, dont le sens est trop absolu, mais dont le caractère et le mérite conservateur sont souvent méconnus en France, où nous faisons aujourd'hui marcher de front les routines les plus obstinées et les innovations les moins mûres et les plus hasardées, résument les principes, les sentiments et les vues qui ont inspiré mon travail. « Je tâcherai de faire voir les abus où nous sommes tombés. » Je montrerai en même temps que nous sommes arrivés à une de ces périodes de transition dans l'existence et dans la fonction des armées qui marquent la fin de certains procédés employés dans les guerres passées pour en inaugurer d'autres à employer dans les guerres présentes. C'est le mérite et la fortune de la Prusse en 1866, comme autrefois, au temps du grand Frédéric, d'avoir prévu *cette évolution* des voies et moyens de la guerre, d'en avoir étudié très attentivement les conditions *pendant une longue paix*, de les avoir trouvées pour la plupart, d'en avoir fait opportunément et résolument l'application.

DÉFINITION

Les armées, comme toutes les machines destinées à produire de puissants effets, offrent un ensemble compliqué
qui fonctionne à l'aide d'un *moteur* et d'un *mécanisme*.

Le *moteur* est une force toute morale. Il est formé des
grands sentiments des peuples : l'orgueil national, l'amour
de la patrie, la sollicitude de ses intérêts et de son honneur; et des grands principes des armées : l'esprit de
dévouement et de sacrifice, la discipline, le bon ordre.

Le *mécanisme* est une force toute matérielle. Il se com-
pose de rouages multipliés et très divers, dont la condition la plus importante est de fonctionner dans l'harmonie.

La force principale de certaines armées est dans la
puissance du *moteur;* la force principale de certaines
autres est dans la perfection du *mécanisme.* Une armée qui
réunirait à un égal degré ces deux éléments de supériorité, serait infiniment redoutable à la guerre, je dirai presque invincible. Elle serait, pour son pays et pour le gouvernement de son pays, un point d'appui d'une inébranlable solidité.

C'est sous ce double aspect que, saisissant les faits dans
l'ordre où ils se présenteront à mon esprit et sans chercher à les rattacher trop étroitement les uns aux autres,
je me propose d'étudier l'armée française.

DU CARACTÈRE ET DES APTITUDES MILITAIRES DE LA NATION FRANÇAISE & DE SON ARMÉE

—

« La plupart des Gaulois se livrent avec
une ardeur infinie à deux choses : les
armes et la discussion. »

(CATON L'ANCIEN, *Origines*.)

Dans l'armée française, le moteur offre un caractère particulier, et il est d'une grande énergie. Nous avons un vif et très ancien esprit de nationalité, des traditions militaires aussi vieilles que la France elle-même et dont elle est justement fière. Il s'y rencontre pourtant presque autant de souvenirs douloureux que de souvenirs de triomphe; mais nous avons une aptitude spéciale à expliquer et à justifier nos revers, ou à nous en consoler par la mémoire, fidèlement gardée d'âge en âge, de quelque acte ou de quelque parole chevaleresque qui vient toujours à propos pour ennoblir et poétiser la lutte, quel qu'en soit le résultat. Pour la masse populaire française contemporaine, toute la journée de Waterloo c'est : *La garde meurt et ne se rend pas;* comme pour nos pères, toute la journée de Fontenoy c'était : *A vous, messieurs les Anglais;* comme pour nos grands-pères, tout le désastre de Pavie avait été dans cette belle parole du roi vaincu : *Tout est perdu fors l'honneur.*

En définitive, c'est presque uniquement la pensée des victoires et des gloires françaises qui demeure dans les esprits français, et les sentiments, comme les aspirations qui en résultent, ont une haute valeur et font de nous *un peuple guerrier.*

A ce dernier mot, j'attache une signification particulière qu'il convient peut-être d'expliquer. Nous sommes, en effet, bien plus un peuple guerrier qu'un *peuple militaire,* car nous n'avons pas ce calme de tempérament, cette constante préoccupation d'exactitude et de ponctualité, cette rigidité d'habitudes et d'attitude qui préparent si admirablement les peuples du Nord à l'obéissance, à la résignation devant la règle, à la discipline, enfin à toutes les exigences rigoureuses de la profession des armes. En Prusse, en Russie, un soldat obéit immédiatement et silencieusement, quel que soit l'état de ses convictions et de son âme, devant l'ordre qu'il a reçu. Une observation, un murmure étouffé seraient d'ailleurs des énormités intolérables, et la répression suivrait. Le soldat français, incommodé par un ordre, l'exécute aussi; mais la discussion est au fond de son esprit, sa mauvaise humeur se montre toujours par quelque endroit, et, si une réflexion étranglée accompagne l'exécution, ce n'est pas une affaire, et, dans la plupart des cas, le mieux est de ne pas l'entendre.

Ainsi, la nature de nos soldats n'est pas indéfiniment disciplinable, et il faut leur mesurer la compression et la répression. L'obéissance automatique n'est pas leur fait. Ils ont au contraire, dans certaines circonstances que j'indiquerai, des tendances à un laisser-aller très peu militaire qu'il importe de combattre par des moyens que j'indiquerai également. Le maréchal Bugeaud définissait cet esprit particulier du soldat de notre pays, en disant :

Il avale la règle en long, mais rarement en travers.

La force la plus réelle et la plus effective de l'armée française d'aujourd'hui réside dans l'origine et dans la

composition du personnel qui forme ses masses. Elles
étaient autrefois, pour une part à peu près illimitée, le produit du racolement, c'est-à-dire d'une combinaison de
séductions grossières et de violences qui s'exerçaient
toute l'année sur le peuple des villes et des campagnes
par des agents militaires spéciaux, intelligents et audacieux, dont le nom est resté dans la tradition du pays
comme une sorte d'injure. Des étrangers recueillis à toutes
les frontières complétaient les effectifs, formés presque
exclusivement, comme on voit, d'hommes qui entraient
dans l'armée sans esprit de retour au 'oyer et à la famille.
Ils étaient braves généralement, mais braves à la manière
des aventuriers qui font métier et qui font profit de l'épée.
Ils la tenaient jusqu'au jour où, atteints par des infirmi-
tés ou par des blessures, ils allaient en grand nombre
mendier sur les routes, et faire pis encore, dans l'équi-
page à demi militaire que nous montrent les gravures du
temps.

Et pourtant ces armées ainsi constituées, soutenue   , .r
la tradition nationale militaire et commandées pa. .a
noblesse française, faisaient les grandes choses qui ont
illustré l'histoire du passé.

Sous le roi Louis XIV, à dater du ministère de Louvois (1), qui fut un grand réformateur et un grand orga-
nisateur; sous le roi Louis XV et jusqu'à la Révolution, la
constitution de l'armée se régularisa et reçut d'utiles et
nombreux perfectionnements. Mais elle continua à vivre,
au milieu de la société française, d'une existence isolée

(1) De tous les hommes qui ont dirigé le département de la guerre
depuis qu'il est constitué, aucun n'a plus fait que Louvois pour l'organisation de l'armée française *en vue de la guerre*.

Mais à l'égal des divers mérites du ministre de Louis XIV, il faut
compter, à mon avis, la fortune singulière qu'il eut de conduire trente
ans les mêmes affaires, de leur origine à leur entier développement.

qui avait un caractère exclusif. Elle était « l'armée du Roi » et n'inspirait à la nation qu'un intérêt relatif et du moment. Si elle battait l'ennemi, on la louait; si elle était battue, on la chansonnait. La loi n'avait pas encore élevé le service militaire à la hauteur où elle l'a porté depuis, d'un impôt qui se paye dans la guerre par le sang de presque toutes les familles françaises!

Par la loi, l'armée devint l'une des représentations les plus considérables et les plus respectables de la nation; les institutions militaires eurent une place de premier rang parmi les institutions civiles, avec lesquelles elles entrèrent en solidarité; enfin on vit s'établir entre la population et les troupes ces échanges continuels et réguliers qui rendent l'armée si chère au pays et en font comme ses entrailles.

Si, dans la guerre, l'armée souffre, le pays souffre avec elle, l'exhorte et l'encourage; si elle rencontre un désastre, le pays est dans un deuil profond; si elle triomphe, la joie publique et l'orgueil public débordent.

L'armée, à son tour, s'impressionne devant ces éclatantes manifestations de la sollicitude de tous; la grandeur de sa mission lui apparaît, et elle va d'un pas allégé au devant des plus douloureux sacrifices.

On s'est généralement montré surpris en Europe, et même parmi nous, de l'attitude patiente, résignée, tenace, si contraire à leurs traditions et à leur tempérament, qu'ont eue nos troupes dans la longue et pénible immobilité de la tranchée devant Sébastopol. La principale cause de cette attitude, je viens de la révéler. Chaque courrier de France, avec ses lettres, ses journaux et les récits des arrivants, relevait les courages et les âmes, en apportant sous les formes les plus diverses le témoignage des anxiétés du pays, de son intérêt pour ceux qui souffraient, de sa gratitude pour ceux qui mouraient. Toutes ces bourses françaises s'ouvrant aux besoins du soldat, toutes ces mains françaises préparant le linge et la charpie de ses blessures, tous ces cœurs français répandant sur les plateaux désolés de la Chersonèseleurs consolations et leurs louanges, voilà ce qui avait inspiré à ces natures ordinairement impressionnables, mobiles et promptes au découragement, le calme, la fermeté, la résistance indéfiniment continuée dans les épreuves les plus redoutables qui soient à la guerre.

Pour l'assaut, un officier général voulut former un corps de deux cents volontaires voués au rôle d'enfants perdus. Il réunit sa troupe épuisée et réduite de moitié par onze mois d'efforts non interrompus, les officiers et les drapeaux au centre, et il dit :

« Je vous apporte une grande nouvelle. Demain nous
» donnerons l'assaut. La tête de colonne sera détruite en
» éclairant et ouvrant la voie, mais j'ai le ferme espoir que
» la queue franchira l'obstacle. Pour former cette tête de
» colonne, votre général demande deux cents hommes d'un
» dévouement et d'un courage supérieurs.

» Je ne vous ai jamais trompés, et à tous ceux des bra-
» ves qui survivraient, je ne puis assurer une décoration
» ou un grade. Mais je leur promets ici solennellement la
» plus haute récompense qui soit pour de tels soldats.
» Leurs états recevront aujourd'hui l'inscription : *volon-
» taires à l'assaut de Sébastopol* et, quand ils seront ren-
» dus à leurs foyers, portant avec eux ce titre d'honneur,
» j'affirme qu'ils verront leurs concitoyens, et les vieil-
» lards eux-mêmes, s'incliner avec respect devant leurs
« services. »

A cette conclusion, les troupes firent éclater une indicible émotion, et j'estime qu'en ce moment tous ces hommes, exaltés par le sentiment de la récompense que leur gardait la patrie, eussent voulu se dévouer. Plusieurs heures de réflexion leur furent laissées et, dans la soirée, alors que tous les esprits étaient rendus au calme, cinq cent soixante officiers, sous-officiers et soldats, soit le quart de l'effectif présent, vinrent se faire inscrire sur la liste des volontaires. Le général eut tous les embarras d'un choix difficile pour la réduire au chiffre de deux cents hommes, qui furent prêts pour la grande destruction du lendemain.

Cette action réciproque continue de l'armée sur le pays et du pays sur l'armée a fait des mœurs militaires spéciales à la France, qui avait déjà, comme je l'ai montré, un tempérament militaire spécial. C'est un ensemble vraiment beau et très brillant, qu'on ne rencontrerait pas, je pense, au moins sous la même forme, chez les nations les mieux douées militairement. Aussi les comparaisons qu'on cherche trop souvent à établir entre les différentes armées de l'Europe et l'armée française sont-elles rarement heureuses. On ne voit pas non plus que les emprunts de celle-ci à celle-là et réciproquement — je n'entends parler ici que de la *constitution nationale* des armées et non pas de leur *organisation militaire* (1) — aient réussi.

Je répète que je suis très éloigné de vouloir établir, par ces réflexions, notre supériorité absolue dans les armes. J'ai eu toute ma vie, à cet égard, les idées les moins exclusives. Je ne puis oublier, par exemple, que le maréchal Bugeaud, qui avait été pendant sept ans l'adversaire souvent heureux des Anglais dans la péninsule, plaçait à chaque instant dans ses récits la phrase suivante : « L'infanterie anglaise est la plus redoutable de l'Europe; heureusement il n'y en a pas *beaucoup* (2). » Et c'est une opi-

(1) En fait d'organisation, les armées font au contraire de fréquents échanges, et c'est là qu'est l'origine de leurs progrès les plus marqués.

(2) C'était un de ses aphorismes militaires les plus familiers, et il en

nion que des observations personnelles impartiales faites au milieu de l'armée anglaise, pendant la guerre, ont depuis confirmée dans mon esprit.

J'ai voulu seulement constater que les armées sont, dans leurs qualités comme dans leurs défauts, la représentation fidèle des nations d'où elles procèdent; qu'il faut conséquemment juger et conduire chacune d'elles avec des vues et par des moyens qui lui soient propres; que cette doctrine trop souvent méconnue est surtout applicable à l'armée française, dont la complexion est particulière et dont l'originalité dépasse, à mon avis, l'originalité des autres armées.

prenait texte pour nous démontrer très lumineusement les causes de nos revers, dans la guerre d'Espagne, devant cette infanterie.

DE LA SIMPLICITÉ ET DE LA FIXITÉ
DANS LES RÈGLES

———

« Une armée doit être une machine
solide et simple qu'un ouvrier ordinaire
puisse réparer et entretenir. »
(Le général de division comte Morand,
du premier Empire.)

J'ai dit que « le mécanisme des armées était formé de
rouages multipliés et très divers, dont la condition la plus
importante est de fonctionner dans l'harmonie ».

Pour que des rouages multipliés et très divers fonctionnent ensemble dans l'harmonie, il faut que chacun d'eux,
en particulier, soit simple et fonctionne simplement; autrement, l'inévitable complication du tout s'augmentant de
la complication des parties, le trouble devient fréquent.

Les armées, on l'oublie trop souvent, sont faites pour la
guerre, et *cette grande loi de la simplicité* s'impose impé-
rieusement à tous les faits qui règlent l'existence et l'action des troupes en campagne. Là, tout ce qui n'est pas
simple n'est pas possible. Les plus ingénieuses, les plus
brillantes inventions de la paix, celles qui séduisent le
plus les yeux et les esprits parce qu'elles ont réussi dans
la garnison, échouent misérablement dans la guerre quand
elles manquent de simplicité et quand la pratique ne les a
pas conseillées.

Je reproche à l'armée française d'avoir perdu de vue

cette loi. A force de recherches, d'innovations et de réno-
vations, dans une pensée de perfectionnement qui semble
n'être jamais satisfaite, elle a rencontré la complication.
Les divers services ont cessé d'être conduits par ces règles
faciles et fortes, qui sont à la portée de tous, connues de
tous, qui ont l'autorité de l'expérience faite et de la durée,
qui résistent aux situations violentes et aux ébranlements
de la guerre. Beaucoup de nos règles nouvelles ont été
imaginées par des hommes éclairés sans doute, mais qui
n'avaient pas fait la guerre ; ou qui, l'ayant faite, avaient
mal observé ses besoins et mal profité de ses leçons ; ou
encore qui cédaient à ces entraînements du moment auxquels, en France, les esprits sont trop souvent enclins.
Nous nous engouons de certaines théories nouvelles qui
ont la vogue et la mode, à ce point que la discussion n'en
est pas permise. Bientôt des faits incontestables viennent
montrer qu'elles sont mauvaises : nous les rejetons comme
nous les avions adoptées, et nous en créons d'autres.

Par cette fièvre de faire, de défaire et de refaire, les
choses de l'armée ont été soumises à des tranformations
si fréquentes, en des sens si divers, qu'il est devenu très
difficile d'en saisir la succession et la logique. On finit
même par oublier celles qui ne sont pas absolument
contemporaines, et nous voyons aujourd'hui se produire
un fait assurément singulier : c'est que, d'une génération
militaire à l'autre, *voire dans le cours d'une même génération*, très mal informés des expériences faites par nos de-
vanciers, nous recommençons de bonne foi ces expériences déjà jugées, quelquefois condamnées par une longue
pratique, *comme si elles étaient entièrement nouvelles!* J'en
pourrais citer de nombreux et piquants exemples.

Ainsi, pendant que nos règles perdaient la simplicité,
elles perdaient aussi la fixité. Nous avons aujourd'hui
dans l'armée, pour réglementer le même ordre de faits,

une multitude de prescriptions qui ne sont pas toujours en état d'accord entre elles, qui sont quelquefois en état de contradiction. Le rôle des fonctionnaires militaires appelés à en assurer l'exécution est plein de difficultés, d'incertitude, et inquiétant pour leur responsabilité. Il arrive trop souvent qu'après des recherches laborieuses ils rencontrent des prescriptions qui semblent justifier des résolutions différentes ou même opposées. Dans leur perplexité, ils invoquent l'autorité ministérielle et lui demandent une décision qui est insérée au livre de la règle et vient ajouter un nouveau commentaire aux nombreux commentaires qui déjà y entourent l'affaire en discussion.

Les lois, les ordonnances, les décrets, les décisions, les uns abrogés entièrement, les autres abrogés partiellement; d'autres non encore abrogés mais tombés par la force des choses en désuétude; d'autres enfin en plein exercice; les nouveaux expliquant, complétant ou contrariant les anciens, se succèdent, s'accumulent et se heurtent dans ce livre de la règle, qu'il faut bien que j'appelle par son nom : c'est le *Journal militaire officiel !*

Ce redoutable recueil est une preuve accablante de la mobilité de nos vues en matière de direction d'affaires militaires. S'il est l'auxiliaire indispensable, il est aussi le fléau des hommes qui ont, dans l'armée, mission de conduire et d'exécuter. Il forme à l'heure présente une collection indéfiniment extensible de plus de 160 gros volumes. Beaucoup devraient être supprimés, car leurs matières ont, en partie, cessé d'être applicables. Mais l'enchevêtrement qui lie ces matières entre elles crée l'obligation de les conserver sans lacune.

La nécessité est évidente de faire cesser cette complication et cette confusion, qui finiront par aboutir au désordre. Il faut simplifier, coordonner les règles et les ramener à l'unité de doctrine; simplifier, coordonner les moyens et les ramener à l'unité d'exécution. Mais comment espérer la réalisation de ce vœu dans un temps où toutes les affaires — les petites, les moyennes et les grandes — se pressent vers le centre gouvernemental pour obtenir une solution ? Par des raisons que je n'ai pas à exposer ici, les plus minces questions ne sont considérées comme bien résolues que si elles l'ont été par le Ministre lui-même. Aucun des dépositaires du pouvoir à ses divers degrés ne veut engager sa responsabilité. Tous perdent ainsi l'habitude de *statuer*, et bientôt celle d'étudier les affaires, car il est évident que cette étude n'est attentive que dans la mesure de la responsabilité que la solution à intervenir doit créer. Dès lors, les points d'interrogation pleuvent autour du Ministre, l'accablent, l'absorbent tout entier, et il arrive que « *celui-là qui doit mener la voiture, la tire* », disait le maréchal Bugeaud.

On ne saurait imaginer un système plus contraire à l'unité, à l'ampleur, à la solidité de la direction des affaires; plus contraire à l'éducation des fonctionnaires publics militaires, à la valeur de leur rôle, a sa dignité et à son prestige.

JEUNES SOLDATS ET VIEUX SOLDATS

« Un jeune homme plein des illusions de son âge, plein de foi dans l'avenir, marche au-devant de la mort possible sans y regarder beaucoup et presque sans y croire.

» Un homme mûr, à plus forte raison âgé, sait mieux la valeur de la vie et ne dépense pas volontiers ce qui lui reste de ce précieux capital. »

L'AUTEUR.

En France, nous nous passionnons pour les vieux soldats. Nous sommes assurés — la tradition et les livres nous le disent — que les seuls vieux soldats sont en état de faire énergiquement la guerre.

Examinons cette question, qui est fondamentale.

J'ai dit et je crois avoir prouvé que, dans la constitution de l'armée, *le sentiment* domine et qu'il en fait la force. Je vais exposer avec quelques détails l'origine de cette force, en faisant passer le soldat, sous les yeux du lecteur, par toutes les impressions qu'il reçoit, par tous les degrés d'enseignement qui concourent à le former dans le régiment, avertissant que ce ne sont là ni des spéculations d'esprit, ni des subtilités philosophiques, mais des réalités que j'ai étudiées toute ma vie au milieu des troupes, avec un ardent désir de trouver la vérité.

Les jeunes gens saisis dans les campagnes (ils forment heureusement la grosse part de chaque contingent) ou saisis dans les villes par la loi du recrutement arrivent presque tous au régiment avec un esprit où le trouble et le chagrin dominent. Ils n'ont pas volontairement aliéné leur liberté ; ils ont gardé tous les sentiments naturels au cœur de l'homme, toutes les passions inhérentes à leur condition de citoyen ; ils regrettent la famille, leurs amours, le clocher du village ou l'atelier. Les exigences du noviciat leur sont pénibles, et la plupart se défendent longtemps contre elles, souvent une année tout entière, dans le secret de leur âme.

Puis, les habitudes se forment ; le métier proprement dit leur devient familier et n'a plus de mystères pour eux. Généralement conduits avec bienveillance, convenablement nourris, convenablement vêtus, ils se redressent sous l'uniforme et sous les armes, avec un commencement de fierté qui montre que le sentiment de la dignité professionnelle les pénètre déjà. D'un autre côté, la vue du drapeau et les traditions qui s'y rattachent, les récits de la chambrée sur les affaires de guerre où il a figuré, l'audition des ordres du jour où d'honorables souvenirs sont souvent rappelés, tout enfin concourt à frapper leur imagination, en l'élevant, et ils s'accoutument à considérer comme une autre famille le régiment, dont le numéro leur devient cher.

A ce moment, ils ont deux années de service au moins, ils sont à peu près formés, et l'ensemble de leurs dispositions se résume dans ce que j'appellerai *l'esprit régimentaire*, premier degré de la maturité chez le soldat français et commencement de *l'esprit militaire*, qui est plus généralisé, plus profond, que développe rapidement une année de service de plus, que confirme irrésistiblement une campagne de guerre avec ses enseignements de toute sorte et ses redoutables épreuves (1).

_____

(1) Le bon vouloir de ces braves gens se traduit souvent, à la guerre, par des naïvetés charmantes.

Le 2ᵉ régiment de hussards, tout frais débarqué de France, avait rallié

Et c'est alors qu'apparaît *le vieux soldat*, non pas celui
que rêve l'imagination publique, qu'on crée artificielle-
ment en le faisant vieillir sous le drapeau, et que tout à
l'heure je définirai à son tour. Non : mon vieux soldat est
un jeune homme. Il a, dans l'ordre moral comme dans
l'ordre physique, tous les ressorts de la jeunesse, et il en
a *les croyances et les illusions*. Il est plein de force et il est
plein d'honneur. Il n'entend pas donner au pays un jour au
delà des années qu'il lui doit aux termes de la loi, car des
devoirs antérieurs et supérieurs le rappellent dans la
famille. Mais, ces années, il les lui donne tout entières,
sans restriction ni calcul. Dans la paix, il est l'homme de
la règle et des bons exemples ; dans la guerre, il est
l'homme du dévouement. C'est lui que la voix de son
général fait tressaillir quand, dans le péril, il lui parle
du pays ; c'est lui qui, avec d'impérieux instincts d'agitation et de mouvement, se condamne à la pénible immobilité de la tranchée, où la mort vient le frapper l'arme
au pied. C'est lui qui travaille énergiquement, qui souffre
patiemment, et qui, prêt de rentrer dans ses foyers, ne
demande, au terme et pour prix de ses efforts, qu'un.....
certificat de bonne conduite!

Et quand ce vieux soldat, qui est jeune, revient à la maison paternelle, avec les sentiments et les affections dont
son âme est restée remplie, il a beaucoup gagné sans avoir

---

la petite armée du maréchal Bugeaud la veille de la bataille d'Isly. Ces
jeunes cavaliers, absolument novices et fort empruntés pour bivaquer,
faire la soupe, etc., eurent beaucoup d'attitude pendant l'action, qu'é-
clairait un soleil d'août brûlant à trente-huit degrés centigrades. La
journée était terminée, et, pendant que s'élevaient les tentes, nous étions
couchés anéantis de fatigue et sommeillant aux pieds de nos chevaux,
que tenaient quelques cavaliers de ce régiment. Ils devisaient entre eux
des événements, nous croyant endormis. L'un d'eux, un Alsacien, dit :
« Ch'al eû chollment bour l'afoir beur, mais cho n'al pas eû beur » :
J'ai eu joliment peur d'avoir peur, mais je n'ai pas eu peur.
Le maréchal en rit aux larmes.

rien perdu. Il est généralement plus fort, plus propre au travail. La souplesse du jeune homme triomphe encore en lui de l'*enroidissement*, qui est le caractère particulier des hommes qui ont trop longtemps porté les armes ; il peut encore se courber sur la charrue ou reprendre les habitudes d'une profession manuelle. Il reste donc au pays où il est né, au lieu d'aller augmenter dans la grande ville le groupe des déclassés. Il se marie en cet état, il fonde sa famille, et, propageant autour de lui les traditions d'obéissance, de respect, de bon ordre, qu'il a recueillies au régiment, il rend encore à la société, sans y prétendre, de nouveaux et précieux services.

Une armée qui se renouvelle ainsi périodiquement, en rece-vant dans son sein une portion notable de la meilleure popula-tion du pays, et qui, lui rendant en échange chaque année un contingent de soldats libérés, préparés comme je l'ai dit, rejette tous les dix ans, dans la masse populaire, près d'un million de bons citoyens, EST UN PUISSANT INSTRUMENT DE MORALISATION PUBLIQUE.

J'ai montré jusqu'à présent les transformations succes-sives par lesquelles l'homme des champs ou l'ouvrier des villes devenait, dans les rangs, jeune soldat, soldat fait, vieux soldat, et enfin retournait à son point de départ : la famille. Je suppose à présent que, séduit par les divers avantages qu'offre aujourd'hui (1867) le service militaire (j'entends parler de la prime et du pécule administrés et servis par l'État), et le considérant, non plus comme un impôt obligatoire, mais comme une carrière spéciale pré-férable à celle que son entrée dans l'armée avait interrom-pue, il renouvelle son contrat avec l'État. A ce moment, il aliène volontairement sa liberté, non pas momentané-ment, mais pour l'avenir, et on peut dire pour toujours, car la continuation du service militaire va le rendre radi-calement impropre à l'exercice de sa profession manuelle, surtout au travail des champs, en même temps qu'il deviendra de plus en plus étranger à la famille. En sorte que le service et le régiment devront désormais et définitivement lui tenir lieu de tout. De là, inévitablement, une certaine altération de ce que j'ai appelé ailleurs *les sentiments naturels au cœur de l'homme* et un abandon à peu près complet de ce que j'ai appelé *les passions inhérentes à sa condition de citoyen.*

Pendant la première période du renouvellement de son contrat, cet homme est encore sous l'empire de la règle, et, comme il est passé maître dans les détails professionnels, tout marche à souhait. Cependant, le service militaire ne lui apparaît plus comme un sacrifice momentané auquel il faut se résigner. C'est un métier, un métier dont il est naturel de chercher à tirer tout le parti possible, en l'exerçant le plus commodément possible. Notre homme devient difficile, exigeant, quinteux (grognard, si l'on veut), prompt à la réclamation, sujet aux manquements. Il est d'ailleurs plus riche, et il veut ses aises. Si on le mène à la guerre, il la fait vigoureusement, car il a entendu parler la poudre, *mais il la fait à ses heures et quand il lui convient.* En sorte que sa vigueur est inégale, capricieuse, et que tel groupe de ces gens-là, qui a fait merveille aujourd'hui, restera demain fort au dessous de sa réputation et de son rôle (1).

Il est sceptique, railleur, incapable d'éprouver les grandes émotions, d'être excité par les grands mobiles. Et, si son général s'avise de le prendre par là, il lui répond par un adage qui a fait le tour de l'armée et qui restera dans sa tradition: *Cause toujours, mon vieux, tu m'instruis* (2).

---

(1) Il n'est pas un officier dans l'armée qui n'ait été frappé, à la guerre, de ces inégalités inattendues, quelquefois compromettantes.

(2) Exclamation d'un vieux soldat de l'armée d'Afrique devant une

En outre, ses sentiments de délicatesse s'altèrent, et ses scrupules s'évanouissent de plus en plus. Il convoite beaucoup, et, pour s'approprier les objets de sa convoitise, il descend graduellement à des rôles peu dignes et peu avouables.

Des moins-values morales successives de ce vieux soldat, celle qui vient la première et s'en va la dernière, ou plutôt qui ne s'en va plus, c'est l'ivrognerie. Elle commence chez lui par de légers écarts que les moyens ordinaires de répression suffisent à contenir. Puis ces écarts deviennent plus fréquents, plus compromettants, et dégénèrent trop souvent en de funestes et dégradantes habitudes, devant lesquelles tous les avertissements et toutes les punitions restent impuissants. Quand cette heure a sonné pour le vieux soldat, il est, même en dehors de l'ivresse, dans une sorte de désarroi permanent que j'appelle l'« état alcoolique », qu'il est plus facile de comprendre que de définir.

Il faut gémir de cette altération graduelle des qualités professionnelles et des facultés morales d'un soldat qui, la plupart du temps, n'était pas destiné à cette chute. Elle est due à la vie de caserne prolongée, à l'oisiveté de la garnison, à l'exemple des autres vieux soldats, à l'absence des contacts par lesquels, dans la vie ordinaire, ce même homme aurait pu voir se réveiller le sentiment de son honorabilité et de sa dignité (1).

----

allocution pathétique du général X... aux troupes réunies dans une occasion solennelle.

(1) Le corps de la gendarmerie française, si utile, si dévoué, si respectable, offre une frappante justification de cette théorie. Pourquoi les individualités militaires qui le constituent peuvent-elles vieillir impunément dans le service, sans aucune altération de leurs sentiments d'honorabilité et de dignité personnelles ? Ce n'est pas seulement parce que, en vue de leur admission dans cette arme spéciale, elles ont été choisies avec des soins attentifs. C'est :

Je n'ai rien exagéré en définissant les deux catégories de vieux soldats dont je viens de montrer les carrières si différentes, les uns revenant à leurs foyers, les autres restant au régiment. Tous les premiers n'ont pas une si bonne fin, tous les seconds une si mauvaise. Mais j'en appelle au témoignage des officiers qui ont observé et suivi les uns et les autres avec attention, en se plaçant au point de vue de philosophie militaire pratique, qui est le mien : ils attesteront que j'ai exprimé la réalité généralisée, et qu'elle n'est atteinte que par un nombre limité d'exceptions.

Et la conséquence de cette discussion, conséquence qui mérite assurément de fixer les méditations de l'homme d'Etat et du législateur, c'est que, si l'armée française multipliait indéfiniment les vieux soldats en réduisant le nombre des autres, elle verrait sa force vive s'affaiblir dans des proportions de plus en plus grandes et de plus en plus inquiétantes pour l'avenir. Et, au lieu d'être, comme je l'ai dit, dans la société française, UN PUISSANT INSTRUMENT DE MORALISATION PUBLIQUE, ELLE DEVIENDRAIT AVEC LE TEMPS UN REDOUTABLE INSTRUMENT DE DÉCLASSEMENT (1).

Les principes et les faits que j'ai voulu mettre en lumière ne sont pas particuliers à notre temps. L'histoire nous montre que, chez les peuples qui ont fondé leur gran-

---

1° Parce que mariés et pères, ces hommes ont une existence que dominent et qu'épurent les devoirs de la famille ;

2° Parce qu'ils échappent aux influences délétères de la caserne, aux mauvais exemples, et parce qu'ils fonctionnent presque individuellement, en contact avec la population entière ;

3° Parce que leur mission toute d'ordre public et de dévouement — non pas seulement à tel ou tel jour, mais tous les jours — les relève incessamment à leurs propres yeux.

(1) C'est par là spécialement que s'opérerait l'abandon, de plus en plus généralisé, des travaux des champs par les populations agricoles, qu'attire déjà dans les grands centres l'appât des salaires élevés.

deur par la guerre, l'honneur des armes et la sécurité du pays furent atteints le jour où le service militaire, perdant le caractère d'un impôt personnel à *durée limitée*, devint une carrière pour les soldats qui vieillirent trop nombreux sous les drapeaux. Tacite, dans le premier livre de ses *Annales*, écrivant l'histoire de ces violentes séditions des légions de Pannonie et de Germanie qui éclatèrent à la mort d'Auguste et révélèrent à l'empire romain, alors au faîte de la splendeur, les périls et les maux sous lesquels il devait un jour succomber, s'exprime en ces termes :

« Bientôt, avec des cris sans mesure, ils se plaignent du prix des exemptions, de l'insuffisance de la solde, de la dureté des travaux, désignant spécialement les retranchements, les transports de vivres, de matériel, de bois, et toutes les corvées prescrites pour la sûreté et contre l'oisiveté des camps. *Les plus épouvantables clameurs renaient des vétérans, qui, énumérant leurs trente années de service et plus, demandaient qu'on modérât leurs fatigues, qu'on ne les laissât pas mourir à la peine, et qu'un repos qui ne fût pas le dénûment succédât à un service si prolongé. Et même il y en eut qui réclamèrent l'argent légué par le divin Auguste...* »

LES GROGNARDS DU PREMIER EMPIRE

« Le commun des soldats nouveaulx
sont meilleurs que les vieulx en France. »
(*Mémoires de Tarannes, 1360-1396.*)

Les vues que je viens d'exprimer demeurent dans mon esprit à l'état de convictions d'autant plus profondes qu'elles sont absolument contraires à tout ce que m'avaient appris mes informations dans le monde et mes lectures avant d'entrer dans l'armée. Des années d'études et d'observations expérimentales ont été nécessaires pour dissiper ces illusions militaires de ma jeunesse. Pourtant — ces illusions dissipées — il me restait des incertitudes et des doutes.

Comment, en effet, concilier mes convictions nouvelles avec cette tradition si chère des grognards de l'Empire formant ces phalanges redoutables de vieux soldats qui avaient promené leurs drapeaux dans l'Europe entière et dont le type est présent à tous les esprits? Ce type, les théâtres me l'avaient montré dans des drames qui avaient rempli mon cœur d'émotion, la peinture dans les toiles si pittoresques de Charlet. Et partout, original et grand, ce type était caractérisé, moralement par la froide et calme bravoure à la guerre, physiquement par les moustaches grisonnantes des hommes qui ont passé l'âge moyen de la vie.

Comment, me disais-je, nos pères tiraient-ils un si grand parti de ces hommes de trente-cinq à quarante-cinq ans, sur le champ de bataille, après des marches laborieuses, quand aujourd'hui, dans le paisible et facile service des garnisons, nous ne pouvons les utiliser qu'à grand'peine ; quand, dans la guerre, nous ne pouvons plus les utiliser du tout ? Serait-ce donc que ces générations étaient de fer et que les nôtres se sont altérées ?

« Pour juger ces faits, » me disait le maréchal Bugeaud, qui avait vécu, comme je l'ai dit, au milieu des grognards, « il faut considérer que les éclatantes victoires des armées de l'Empire, suivies de si douloureux revers, forment une épopée héroïque dont les imaginations françaises sont restées très légitimement frappées. Tous les souvenirs qui s'y rattachent sont revêtus, aux yeux de la population, de formes brillantes et poétiques ; il faut les écarter pour découvrir la réalité, et cette réalité la voici :

» Dans les campagnes de 1805-1806, l'armée était magnifique et d'une rare solidité ; les éléments de force et d'action y abondaient. Quelques années de paix avaient été mises à profit pour y introduire la discipline et la règle qui succédaient aux habitudes de laisser-aller et de décousu des troupes de la République et du Directoire. L'effectif de cette armée ne dépassait pas une juste mesure. De vieux soldats, vieux bien plus par l'expérience de la guerre que par l'âge — c'était le plus généralement des hommes de vingt-cinq à trente ans, choisis avec un soin éclairé — formaient des corps d'élite très peu nombreux, rarement engagés, entourés par conséquent d'un haut prestige et portant avec eux, dans l'action, un effet moral considérable et toujours décisif (1).

---

(1) La garde impériale, à Austerlitz, ne dépassait pas le chiffre de sept mille hommes. Elle était de plus de soixante-dix mille hommes à la fin de 1813 (vieille garde, jeune garde, etc.).

» Dès 1807-1809, en raison des besoins toujours crois-
sants de la guerre, dont le théâtre s'étendait incessamment, la composition de l'armée s'affaiblit, sa constitution s'altéra. Dans l'esprit du gouvernement et devant les
nécessités pressantes de la situation, les préoccupations
de *quantité*, pour la formation des effectifs, durent l'emporter sur les préoccupations de *qualité*. On fit de grands
efforts pour retenir sous les drapeaux les vieux soldats
qui devinrent trop vieux, et pour multiplier les jeunes
soldats, qui furent, trop jeunes et à peine formés, ache-
minés vers les armées actives.

» On vit alors se produire de graves désordres donnant
lieu, le jour du combat, aux plus douloureux mécomptes.
Toute armée de cent mille hommes, censée en ligne et
disponible pour l'action, laissait derrière elle, en cheminant, une deuxième armée de vingt à vingt-cinq mille
hommes, formée de vieux soldats usés et indisciplinés, de
conscrits affaiblis, qui ne rejoignaient plus, vivaient sur
l'habitant et constituaient ce que nous appelions « l'armée
des fricoteurs », mal désormais inévitable, incurable, et
qui allait s'aggravant chaque jour. »

Tout récemment encore, dans un livre sincère et plein
d'un vif intérêt (*Souvenirs militaires de 1804 à 1814*), l'un
des plus éminents survivants de ces grandes guerres, le
général duc de Fezensac, est venu confirmer les dires du
maréchal Bugeaud en nous montrant l'état d'une armée
— celle de la campagne de 1807 après la bataille d'Eylau —
que nous nous figurons presque entièrement composée de
grognards inébranlables dans le devoir : «... Il s'en fal-
lait que cette énorme diminution d'hommes fût réelle.
On comptait *soixante mille* absents, presque tous marau-
deurs. »

Je résume et je complète l'exposé qui précède par quelques réflexions :

Si les soldats, jeunes encore, comptent quelques années
— en France, deux à quatre — de pratique et d'expérience professionnelles, ils ont dans la guerre le *maximum*
de solidité et de durée qu'ils puissent offrir.

Les sous-officiers et autres gradés subalternes formant
les cadres peuvent être plus âgés — mais pas beaucoup
plus — et il est d'un haut intérêt que troupes et cadres
soient *périodiquement* renouvelés, partiellement, avec mesure, de telle sorte que l'esprit de l'ensemble et la tradition soient conservés *par un petit nombre de vieux soldats,
sous la condition d'un rajeunissement continu de la masse.*

Cette loi est générale et s'applique aux corps d'officiers
comme à la troupe. Du sous-lieutenant au colonel, c'est-
à-dire de la première jeunesse à la maturité et au delà,
l'échelle des âges doit correspondre à l'échelle des grades,
car chaque grade réclame une part de service, d'expérience et de savoir-faire proportionnée à son importance,
et là, comme dans la troupe et dans la hiérarchie infé-
rieure, *les renouvellements périodiques partiels et le rajeunissement continu* convenablement pondéré sont obliga-
toires à peine d'énervation.

Dans le même ordre d'idées, le genre de mérite qu'il
faudrait, avant tous les autres, demander aux officiers
généraux, ce n'est pas la jeunesse, bien qu'elle vaille
beaucoup, c'est *l'expérience*. J'entends cette expérience
généralisée qui a pour origine, avec la pratique du commandement dans la paix et dans la guerre, l'étude de
l'âme humaine et *des passions qui sont particulières aux
masses armées* dans les situations si diverses, souvent
violentes et forcées, où il faut les conduire et en être
maître.

Une telle expérience n'est pas d'ordinaire le lot des
jeunes gens, à moins qu'ils n'aient le génie d'intuition de
ces grands capitaines dont l'histoire nous montre quelques

rares modèles, mais sur lesquels gouvernements et peuples feront sagement de ne pas compter. Je reconnais toutefois que, pour produire tout son effet utile, l'expérience réclame, comme auxiliaires indispensables, une santé vigoureuse, avec des aptitudes et des habitudes d'activité physique et intellectuelle que l'âge exclut trop souvent.

L'ESPRIT DU SIÈCLE DANS L'ARMÉE

« Il faut à la France une armée capable
de lui conserver la gloire, de défendre
son indépendance, de la préserver de la
dégénération et de la langueur où l'amour
des richesses et des jouissances a en-
traîné tant de nations. »
(Le général de division comte Morand,
du premier Empire, 1829.)

Les hommes qui ont assez longtemps vécu dans l'armée pour y voir la succession de plusieurs générations,
qui ont pu conséquemment observer à des époques différentes nos mœurs militaires, sont unanimes à reconnaître
les modifications profondes que chacune de nos révolutions politiques y a introduites.

Les révolutions ont une influence directe sur les mœurs
publiques, lesquelles réagissent à leur tour, en vertu de
la loi que je viens de rappeler, sur les mœurs des armées.
C'est ainsi, par exemple, que la nôtre a vu graduellement disparaître ses anciennes habitudes de simplicité
militaire et de pauvreté, cédant, dans une mesure toujours croissante, aux besoins de bien-être, de confort et
même de luxe qui ont prévalu dans le pays. Je ne pense
pas qu'il nous soit donné de revoir jamais les temps où
un officier d'infanterie, partant pour rejoindre l'armée,
recevait une très petite part de sa solde en argent, une
très grosse part en assignats sans valeur, avec deux paires

de souliers ; où un officier général en présence de l'ennemi ne réclamait pour ses troupes, dans une lettre qui a
été conservée, ni la solde qu'elles ne recevaient plus, ni
le vêtement ou la chaussure qu'elles ne recevaient guère,
mais les vivres de campagne ! « ... Mes lapins n'ont pas
de pain ; pas de pain, pas de lapins ; pas de lapins, pas
de victoires... »

Nos lapins d'aujourd'hui, nourris, vêtus, soldés comme
ils le sont, seraient très incommodés de la situation que
nous révèle l'histoire des temps passés. Ils ont de grands
besoins.

Pour moi, je ne regrette pas ces temps-là, qui avaient,
j'imagine, comme les nôtres, leurs grands et petits as-
pects, et ce n'est pas avec un esprit chagrin, encore moins
dans un parti pris de rabaisser les choses contemporaines,
que je suis entré dans ces comparaisons. J'ai voulu seulement établir que, pendant que les mœurs publiques se
transformaient, les mœurs militaires se transformaient
aussi, et montrer à quel point nos habitudes diffèrent à
présent des habitudes de nos pères.

Entre ces transformations très diverses, il en est qui
sont absolument inévitables et dont il faut, comme on dit,
prendre son parti, en cherchant seulement à en contenir
et diriger les effets. Mais il en est d'autres qui emportent
avec elles de sérieux périls qu'il serait, je crois, possible
de conjurer. Je veux examiner celles-ci.

Avant la révolution de 1830, en effet, pendant toute la
durée du gouvernement de la Restauration, l'avancement,
par des raisons qui sont trop connues pour qu'il soit
utile de les rappeler ici, était lent et difficile à ce point
qu'on peut dire qu'il n'existait pas. Le sentiment de cette
impossibilité d'avancer pénétrant peu à peu dans tous les
esprits, personne ne faisait de rêves ambitieux et chacun
s'accommodait de l'immobilité, qui était la loi commune.

Je pourrais citer, parmi les généraux de division qui sont aujourd'hui les doyens de l'armée, une foule d'hommes considérables par l'autorité de leurs services qui, parvenus très jeunes au grade de capitaine dans les dernières années de l'Empire, ont fait dans ce grade, sans se plaindre, sans en avoir même la pensée, une station de seize à vingt ans !

Après 1830, les événements de la politique et de la guerre ont appliqué à l'avancement un mouvement qui s'est de plus en plus accéléré. Beaucoup et de brillantes fortunes militaires ont été faites depuis les commencements de la guerre d'Afrique jusqu'au temps présent, toutes contribuant à exciter les esprits, à exalter les espérances. L'ambition s'est graduellement exagérée parmi nous, et aujourd'hui elle se dénature. Réglée et marchant à un but virilement défini, elle est quelquefois la marque de facultés d'un ordre supérieur et le stimulant des grandes actions. Mais quelle estime faire et qu'attendre d'une passion qui ne se fixe pas, parce qu'elle convoite tout, qui a pour origine des prétentions, pour moyen la compétition, et que rien n'apaise ? Si bien que les dignités, les grades et les emplois, les ordres nationaux et étrangers, la rectification ou l'amplification du nom paternel, les jouissances que crée la richesse ne lui suffisent plus.

Quand, dans les âmes, le calcul a pris la place du patriotisme, c'en est fait des armées. Les annales de tous les peuples et de tous les temps nous ont appris ces vérités, et il ne faudrait pas remonter bien loin en arrière dans l'histoire contemporaine pour constater ce que sont, au jour des grands revers militaires et des grandes épreuves nationales, la solidité de caractère, la fermeté dans la fidélité et dans le devoir, des généraux que la fortune a soudainement comblés en les élevant au dessus de tous !

Enfin qui ne voit que l'invasion, parmi nous, de ces principes destructeurs du désintéressement professionnel
fait naître les rivalités et l'égoïsme, favorise les audacieux, écarte les dévouements sincères et désorganise peu
à peu, par toute sorte de moyens aperçus et inaperçus,
cette grande famille militaire française dont les membres
étaient si étroitement unis dans la simplicité et dans
l'honneur.

Pour combattre ces funestes principes, il faut leur opposer les principes contraires, élever autel contre autel, et
montrer que, si les habitudes prises par l'armée au contact des mœurs publiques sont un péril, ce péril peut être
dominé par l'*éducation spéciale* que la loi, l'État et les
hommes à qui l'État délègue une part de ses pouvoirs
sur l'armée feraient prévaloir. Que l'école du devoir de-
vienne familière aux troupes comme l'école du peloton et
du bataillon ; que nos soldats apprennent chaque jour et
gardent cette ferme croyance : ce n'est pas aux honneurs,
encore moins à l'argent, « mais à l'opinion seule qu'il
appartient de récompenser dignement le sacrifice de la
vie », comme l'a dit Marmont, et ils resteront les premiers
soldats du monde.

Les découvertes de la science auxiliaire ordinaire de
l'industrie et des arts de la paix ont été de tout temps
utilisées par les armes. C'est l'une d'elles, la plus grande
de toutes, la découverte de la poudre à canon, qui a fixé
les formes de la guerre moderne. Mais, autrefois, elles
apparaissaient de loin en loin dans les siècles. Les générations les expérimentaient et les perfectionnaient lente-
ment. De nos jours, la science ne se contente plus de ce
rôle d'auxiliaire de la guerre. Elle veut en être le moyen
principal. Les découvertes succèdent aux découvertes
avec une rapidité inouïe qui déconcerte les esprits, jette

les gouvernements dans l'incertitude et leurs budgets
dans le désarroi, en attendant qu'elle plonge les familles
dans le deuil, car toutes ces inventions ont invariablement le même objet, qui est de « tuer un maximum de
gens dans un minimum de temps ». Et l'opinion se répand
de plus en plus, que ces irrésistibles perfectionnements
mécaniques vont conduire les armées à n'être plus, dans
le combat, que des foules manœuvrant de loin des appa-
reils qui tueront sûrement. Du calme qui permet l'observation et la réflexion, du coup d'œil qui trouve l'opération décisive, de la bravoure qui exécute en renversant
l'obstacle, il ne serait plus besoin.

C'est justement le contraire qui est vrai. Toutes ces
facultés devront se multiplier, toutes ces qualités devront
grandir, pour résoudre, sur les champs de bataille, les
mêmes problèmes qu'autrefois, rendus plus difficiles et
plus périlleux.

Il importe d'écarter de l'esprit de nos soldats ces para-
doxes et ces vaines théories qui subalternisent leur rôle.
Ne permettons pas qu'ils s'attiédissent dans la pratique
des vertus qui sont l'origine des grands efforts. Persua-
dons-les que, plus seront douloureux et étendus les sacrifices que nous imposera la perfection de l'art de tuer —
fruit inattendu des civilisations supérieures, — plus il
faudra que vibre dans l'âme des armées la voix de l'honneur et de la patrie.

DE L'ESPRIT DE HIÉRARCHIE

« L'importance et la considération des divers grades résident dans les droits respectifs qu'ils confèrent. Le plein exercice de ces droits est une source d'émulation et d'honorable ambition, en même temps qu'il assure à l'autorité son action et son respect. »

(Lieutenant général DE PRÉVAL.)

Je signalerai dans l'esprit des troupes une transformation d'une autre nature qui est également, à mon avis, une altération grave.

Autrefois, les dépositaires du commandement étaient entourés, parmi nous, d'une autorité morale dont les effets étaient très favorables au maintien d'une ferme discipline et des habitudes militaires; je les ai encore présents à la mémoire. Ainsi, quand le dimanche le colonel (1) devait apparaître au quartier pour la revue de ce jour, l'attente était vivement excitée, de grands efforts étaient faits pour

---

(1) Dans ce temps-là, les chefs de corps ne concentraient pas entre leurs mains, comme aujourd'hui, toutes les directions et toutes les surveillances. Leurs collaborateurs en sous-ordre fonctionnaient largement et presque librement, chacun dans sa sphère, sous une responsabilité nettement définie.

Le colonel était un personnage *hors foule* et dont la vie entière ne s'écoulait pas au milieu du personnel et du matériel régimentaire, dans les cours du quartier, dans les chambres, dans les ateliers, etc. Il ne nous apparaissait qu'à ses jour et heure, pour résoudre les questions de commandement et pour donner *l'impulsion*.

que tout lui fût présenté en bon ordre : c'était un événement. C'en était un plus grand quand la revue des généraux commandant sur les lieux était attendue, et un plus grand encore quand il s'agissait des opérations d'inspection générale faites par un délégué du ministre revêtu d'une partie de ses pouvoirs. Plusieurs mois à l'avance, on se préparait avec un zèle extrême à cette épreuve, qui préoccupait tous les esprits, touchait à tous les intérêts, et surtout excitait au plus haut point l'amour-propre régimentaire. Quand se présentait devant les troupes l'homme dont la fonction était entourée d'un tel prestige, son influence, si elle était bien comprise par lui et bien conduite, s'exerçait très heureusement sur l'esprit du personnel, sur toutes les parties du service, et laissait des traces durables.

Aujourd'hui, les colonels, les généraux, les plus grands personnages militaires, se présentent aux troupes sans faire sur elles d'impression. Le sentiment de leur mission auprès d'elles et de leur haute position dans la hiérarchie semble s'être effacé. Elles les voient arriver, les reçoivent et les voient partir avec indifférence ; tout au plus, quand ils ont une notoriété spéciale, excitent-ils en elles une préoccupation passagère d'intérêt ou plutôt de curiosité.

C'est que les croyances sincères et la foi militaire, avec les ardeurs et les émotions particulières qui les accompagnent ordinairement, se sont affaiblies. Un sentiment traditionnel très élevé, très conservateur, qui était une des forces de cohésion de l'armée et que je nomme *l'esprit de hiérarchie*, tend à disparaître. Il ne faut pas se dissimuler la gravité d'un symptôme qui accuse, dans la famille militaire, l'amoindrissement, déjà signalé dans l'ensemble de la société française, du principe et des habitudes de *respect*.

En ce qui touche l'armée, la principale cause de cette moins-value morale est facile à reconnaître. Là, en effet, la hiérarchie, du sommet à la base, forme une chaîne dont tous les anneaux sont étroitement liés entre eux et solidaires, à ce point que cette chaîne ne peut être interrompue en un seul endroit sans que la hiérarchie tout entière soit atteinte et souffre. Ainsi, aucune affaire ne doit être instruite, aucune répression appliquée, aucune récompense accordée, sans que les divers pouvoirs étagés au-dessus des personnes que ces actes concernent interviennent *tous et successivement*, en exprimant leur avis dans une forme que la règle détermine. C'est là l'une de nos lois militaires les plus anciennes, les plus absolues, et l'un de ses effets, qu'on aperçoit immédiatement, est d'assurer à chacun de ces pouvoirs toute l'influence et toute l'autorité dont il a besoin.

RÉFLEXIONS SUR L'AVANCEMENT DANS L'ARMÉE FRANÇAISE

———

« Trop d'hommes incapables arrivent
au sommet dans l'armée. »
(Lettre du maréchal BUGEAUD
au Roi.)

Il existe parmi nous un très vif courant de préoccupations ambitieuses, entretenues et exagérées, comme je
l'ai dit, par les exemples d'avancement extraordinaire
qui sont dus à la guerre ou à des circonstances d'exception. C'est un devoir de prudence et de sagesse pour
l'État, de tempérer ces tendances par les moyens d'enseignement moral dont il dispose. Mais, en même temps,
c'est une nécessité pour lui de leur ouvrir toutes les
issues possibles et de leur assurer toutes les satisfactions
légitimes, afin d'entretenir les ardeurs et l'émulation qui
forment le ressort des armées. Dominant l'ensemble de
ces besoins et de ces vues, apparaît l'intérêt fondamen-
tal de l'État, du pays et de l'armée, qui est de créer, par
ce grand mouvement de personnes, des cadres vigoureux,
de bons officiers, des chefs de corps expérimentés, des
généraux capables de former les troupes et de les commander dans la guerre. Mais, pour atteindre de tels résultats, il ne faut laisser au hasard rien de ce que peuvent
régler des principes définis et fermement arrêtés. Ils pré-
sideraient dans l'armée aux actes rémunérateurs de toute

sorte, et particulièrement à ce que j'appellerai *l'adminis-tration de l'avancement*, principal moyen de renouvellement du personnel de commandement.

L'avancement, je me hâte de le dire, est soumis à des règles fixées par la loi. Il n'a conséquemment rien d'ar-bitraire. Mais ce sont, je le répète, les principes qui man-quent pour l'application judicieuse de ces règles. Ainsi, les propositions et promotions sont trop souvent faites sous les impressions et dans le sens des besoins du moment, rarement dans des prévisions d'avenir. Or, l'avan-cement, en soi, touche surtout à des questions d'avenir et les résout virtuellement. En France, par exemple, tout officier qui, par fortune de guerre ou autrement, est pourvu du grade de chef de bataillon ou d'escadron peu après sa trentième année est assuré, alors même qu'il n'aurait pas d'autre mérite que d'avoir rencontré cette heureuse avance, de commander un jour une division. Rien ne peut plus, généralement, arrêter l'essor de sa carrière.

Et, inversement, l'officier le plus notoirement capable, dont les débuts n'auraient pas été favorisés par le sort, ne saurait, à moins de circonstances d'exception, sortir de la foule et arriver aux commandements supérieurs. En sorte que la composition de l'état-major-général français dé-pend, le plus ordinairement, de relations d'âge créées par la fortune des situations. Il serait très important que l'État réservât des rémunérations spéciales, largement distribuées, à de certains services et à de certains mérites, aux actions d'éclat, aux blessures. L'avancement n'en serait plus la récompense obligée. On distinguerait expressé-ment, sous ce dernier rapport, entre les officiers qui ont l'avenir d'un chef de bataillon, d'un colonel, d'un général, proportionnant le développement de la carrière de chacun à l'étendue de ses facultés, aux preuves qu'il aurait faites, aux garanties qu'il offrirait pour l'exercice du commandement, à ses divers degrés, dans les guerres à venir. Dans cet ordre d'idées, un vieux lieutenant pourrait être officier de la Légion d'honneur, haute distinction qui serait, tout à la fois, la récompense des efforts et la marque du terme de sa carrière; un jeune officier général pourrait être simple légionnaire (1). celui-ci cheminant dans l'armée, au nom d'un grand intérêt public, vers un but absolument différent du but que celui-là poursuivait. On ne verrait pas, comme aujourd'hui, les distinctions honorifiques être pour chaque grade *une sorte d'appendice et de complément proportionnels obligés*, si bien qu'un officier général, par exemple, qui n'a pas dans la Légion d'honneur un rang déterminé, se tient pour lésé dans ses intérêts et atteint dans sa considération. C'est une véritable confusion d'idées et de faits qui déplace le rôle et qui dénature le prestige des grades et des distinctions honorifiques. L'adoption par l'État des vues que j'exprime à ce sujet rectifierait les traditions et les habitudes de l'armée. Chacun saurait qu'une décoration a exclusivement le caractère d'une marque d'honneur et d'une récompense; que le grade, qui honore et récompense aussi, assure par dessus tout la constitution du commandement et prépare l'avenir des armées dans la guerre. Les ambitions et compétitions se classeraient en se divisant, au lieu de se confondre. Elles seraient plus raisonnables et moins ardentes. L'esprit militaire y gagnerait beaucoup. Le commandement aurait plus de spécialité, de ressort et d'autorité.

Je ferai une autre observation au sujet de *l'administra-*

---

(1) En janvier 1841, le général de Lamoricière, lieutenant général et commandant la province d'Oran, avec une autorité de situation qui est présente à tous les souvenirs, était chevalier de la Légion d'honneur, sansplus. Assurément il n'en était pas amoindri.

tion de l'avancement. Après chaque période de dix ans ou de quinze ans de paix, on entend généralement dire qu'il faut rajeunir l'armée, et, sous l'empire de cette préoccupation légitime, on s'efforce de ne faire entrer dans les promotions que des officiers jeunes ou relativement jeunes. Il en résulte qu'ils s'éternisent dans leurs grades, en raison de la concurrence *ex æquo*, quant à l'âge, qu'ils se font réciproquement. Les cadres d'officiers inférieurs, supérieurs et généraux s'encombrent, les renouvellements périodiques deviennent difficiles ou impossibles, et la pléthore suit, avec les divers inconvénients d'alanguissement et d'alourdissement qu'elle entraîne. *En voulant tout rajeunir, il se trouve qu'avec le temps on a tout vieilli.* C'est que, pour rajeunir effectivement le commandement, il faut admettre, dans toute promotion d'officiers généraux ou supérieurs, une combinaison qui fasse une part aux candidats d'avenir et qu'attend une longue carrière dans l'armée, une part *aux plus âgés* (choisis bien entendu avec un soin particulier), qui seront remplacés *à bref délai* par d'autres. Cette disposition de prévision est fondamentale. Elle assure et échelonne, en quelque sorte, par des coupes réglées, la succession des vacances.

L'administration de l'avancement *dans la paix* est donc une question d'importance supérieure, dont la solution est très délicate, et qui exige beaucoup d'examen, de pondération entre des intérêts difficiles à concilier, *de fermeté surtout,* car les passions qui s'agitent autour d'elle sont ardentes. *C'est un grand problème de gouvernement, car l'état moral des armées se rattache directement à l'influence que les actes rémunérateurs ont sur leur esprit et au jugement qu'elles en portent.* L'armée française, fille de la nation française, se plaît comme elle dans les honneurs et dans un éclat dont chacun de nous attire à soi la plus grosse part possible, en s'efforçant de s'élever au dessus de son voisin; et, comme elle aussi, par une contradiction dont le caractère national offre plus d'un exemple, elle a de vives préoccupations d'égalité dans les devoirs et dans les droits.

Quant à l'avancement *dans la guerre*, il est généralement déterminé par des événements qui échappent aux directions ordinaires, et c'est le plus souvent la fortune qui le crée. Là les combinaisons et la pondération sont plus rarement applicables, et elles sont moins nécessaires, car les vacances et par conséquent les renouvellements surabondent. En ce qui concerne l'armée française, on peut dire — dans un sens général qui admet naturellement des exceptions — « que les avancements étudiés de la paix sont le correctif des avancements hasardés de la guerre ».

Cette doctrine contredira, je le sais, les idées reçues, non moins que cette autre doctrine, qui n'est pas non plus absolue mais dont je suis pénétré, que « c'est la paix, *utilisée comme il convient*, qui fait les bonnes armées; que c'est la guerre, surtout quand elle se prolonge, qui les désorganise (1). »

_____

(1) Qu'on en juge par les rapides et écrasants résultats qu'a obtenus dans la dernière guerre l'armée prussienne, luttant, après cinquante ans d'une paix mise à profit avec beaucoup d'esprit de suite et de sagacité, contre l'armée autrichienne, formée par les campagnes d'Italie, de Hongrie, et qui portait avec elle un prestige mérité.

DE L'ÉDUCATION GÉNÉRALE DE L'ARMÉE FRANÇAISE

> « L'homme, cet être flexible, se pliant
> dans la société aux pensées et aux im-
> pressions des autres, est également capa-
> ble de connaître sa propre nature quand
> on la lui montre, et d'en perdre jusqu'au
> sentiment lorsqu'on la lui dérobe. »
> (MONTESQUIEU, Préface de l'*Esprit
> des Lois.*)

J'ai écrit ailleurs que je n'exalterais pas les qualités, que je ne tairais pas les défauts de nos soldats, qu'en un mot *je serais vrai.*

Il m'en coûte d'autant moins d'être vrai que leurs défauts n'ont pas de gravité. Ils ne sont que la conséquence et qu'une sorte de déviation de leurs qualités. Je me sers à dessein de ce mot « déviation », parce qu'il implique l'idée d'un « redressement » et parce qu'en effet toutes les réflexions qui vont suivre ont pour but de montrer le haut intérêt, pour l'armée française, d'un système d'éducation bien entendu et approprié *aux instincts* qu'on lui sait. Il y en a qu'il faut diriger, d'autres qu'il faut développer, d'autres encore qu'il faut combattre. C'est ainsi que lui serait assurée, dans la guerre, la supériorité dont j'ai indiqué les conditions.

Toute ma théorie, à l'égard de ce système d'éducation, repose sur l'expérience que j'ai faite et sur la conviction

où je suis que *l'esprit des masses organisées hiérarchique-*
ment, se forme par les leçons et par les exemples des hommes
qui les mènent.

La réflexion de l'illustre auteur de l'*Esprit des Lois* qui
sert d'épigraphe à ce chapitre, pleine d'une philosophie si
profonde et si vraie, me paraît particulièrement applicable
au soldat de l'armée française. Il faut étudier sa nature et
la lui montrer, le prémunir contre ce qu'elle a d'insuffi-
sant ou d'excessif, l'affermir dans ce qu'elle a de principes
actifs et généreux. Mais nous sommes loin de le préparer
à son rôle d'après cette règle judicieuse. Ainsi, pour n'en
citer qu'un exemple, nous lui disons incessamment *que la*
bravoure est la vertu native de la nation française, que ses
soldats sont les représentants particuliers de cette vertu de ter-
roir, etc. Jusque-là tout est bien, et il n'est pas indifférent, je le reconnais, de lui donner des facultés militaires
de son pays et des siennes propres une haute idée. Mais
nous manquons rarement d'aller plus loin et d'ajouter
que, par suite, nos armées sont assurées de battre les armées
ennemies, lesquelles sont, à tous les points de vue, inférieures.
Or, en réalité, nos soldats sont, comme tous les hommes,
dominés par un vif, profond et naturel sentiment de conservation, et je crois, avec le maréchal Marmont, que les
effets de ce sentiment « *sont bien plus communs et exercent*
bien plus d'influence qu'on ne croit sur le grand nombre ».
Ils ont plus de fougue et d'entrain que les soldats de certaines nations; ils ont moins de calme et de solidité que
les soldats de certaines autres. Ceux-ci ont la bravoure de
tempérament, ceux-là ont la bravoure d'imagination, et,
pour résumer mon sentiment, je dirai que, si j'ai constaté
souvent à la guerre, avec une légitime fierté, que nos soldats étaient ardents et vaillants, je les ai vus en face d'adversaires qui ne leur cédaient pas en courage. Ils opèrent
en avant avec un élan et une vigueur incomparables, mais

ils sont quelquefois ramenés dans le désordre. Et quand
cette dernière circonstance se produit-elle le plus souvent?
Quand, leurs chefs les ayant maladroitement pénétrés de la
conviction qu'ils vont triompher sans effort de la résistance de l'ennemi, ils trouvent celui-ci ferme, tenace, bien
préparé et bien résolu à ne rien céder.

Je pourrais multiplier les exemples qui démontreraient
l'opportunité, pour l'armée française, d'une éducation
mieux conçue, plus virile, plus vraie, plus complète surtout que celle qu'elle reçoit. Elle aurait des effets d'autant plus con . . érables que nos officiers et nos soldats
sont plus intelli, nts, plus faciles à impressionner; qu'ils
sont liés les uns aux autres, en dépit de la hiérarchie,
par des habitudes de confraternité militaire qu'on ne rencontre pas au même degré dans les autres armées; qu'enfin ils forment un tout qui n'est pas seulement un instrument, comme beaucoup le croient : *c'est un tout qui a un
esprit et une âme.* Cet esprit et cette âme sont ouverts à
toutes les doctrines professionnelles d'un ordre élevé par
lesquelles on voudrait les pénétrer. Mais nous n'avons
guère souci de cet enseignement. Si un régiment est réuni
quelque part tout entier, les règlements sur le service
intérieur, sur le service en campagne, sur les manœuvres,
sur le tir, sur la comptabilité, pour les officiers; les
théories de paquetage et d'entretien des effets, de démon-
tage et de remontage des armes, avec la lecture périodi-
que de quelques articles spéciaux du code pénal militaire,
pour la troupe, tel est l'habituel aliment offert à l'activité
morale et intellectuelle de l'ensemble régimentaire (1)!

_____

(1) Je ne dis rien ici des écoles instituées dans nos régiments d'infanterie et de cavalerie pour les sous-officiers et les soldats, *vrai trompe-
l'œil*, où tout à peu près, excepté la lecture et l'écriture pour quelques
illettrés, est artificiel. Ces écoles donnent lieu à des exigences et à des
contraintes qui dégoûtent de l'étude les hommes de troupe et attiédissent
l'esprit militaire.

Ce sont là des études militaires techniques, utiles assurément, même nécessaires, mais d'une aride spécialité, et qui ne suffisent pas à préparer les armées aux grands devoirs et aux grands efforts qui les attendent à la guerre.

Je voudrais que, pour atteindre ce dernier but si considérable, un haut enseignement fût fait aux corps d'officiers par les généraux qui les commandent, dans des conférences où seraient développés les principes puisés dans l'expérience de la guerre. Ces principes sont en petit nombre; mais, tirés de l'observation attentive des impressions et des passions trop souvent irrésistibles qui s'emparent des masses au milieu des souffrances de la guerre, au milieu de ses tentations et enfin dans la grande crise du combat, ils ont un caractère saisissant, bien fait pour exciter l'intérêt d'un auditoire militaire. Là, nos officiers apprendraient le rôle décisif qui appartient à l'état moral des troupes dans la guerre; comment s'acquiert cet état moral; comment il se conserve et se développe; comment il se perd. Ils sauraient que la discipline, le respect de la règle, le respect de la propriété et des personnes, des mœurs et des usages du pays, de sa religion, de ses temples, etc., etc., principes qui font que les armées ont le respect d'elles-mêmes, sont les plus importants éléments de cet équilibre moral.

Les principes de *direction* établis, l'exposé des principes d'*exécution* suivrait et montrerait l'étroite liaison de ceux-ci avec ceux-là. Je m'abstiens d'entrer ici dans les détails techniques de mes vues relatives à l'exécution. Elles auront une place spéciale dans la suite de ce travail; mais j'en ai dit assez pour faire comprendre l'intérêt vraiment considérable que présenterait l'enseignement dont je viens d'indiquer sommairement les bases. Les officiers, convertis à ces doctrines directrices de l'action militaire, les introduiraient, par les contacts et les échanges de chaque jour, dans l'esprit du cadre; le cadre les introduirait à son tour, par les mêmes moyens, dans l'esprit de la troupe; et de proche en proche, par un effet de transmission dont j'ai eu plus d'une fois l'occasion de constater le succès, la masse entière serait pénétrée. En cet état, la constitution morale, comme l'instruction pratique d'une armée en vue de la guerre, ne laisserait rien à souhaiter. Si, les opérations ouvertes, les premiers chocs étaient heureux, condition qu'il est du plus haut intérêt de réaliser, les troupes, pleines de confiance dans les chefs qui les auraient ainsi préparées, pleines de confiance en elles-mêmes, seraient pour le reste de la campagne d'une remarquable solidité. Et l'on aurait ainsi pratiqué, au profit de l'armée française, dont il ne serait pas besoin d'exagérer les effectifs, cet aphorisme plein de sagesse et de vérité de Michel Montaigne : « *Ce n'est pas le nombre des hommes, ains le nombre des bons hommes, qui faict l'advantage à la guerre, le demeurant serrant plus de destourbier que de secours.* »

Ce double enseignement serait suivi dans les garnisons où les troupes de toutes armes sont agglomérées, et dans les camps de manœuvres, qui devraient être assez multipliés pour que, chaque année, une notable partie de l'armée y pût être réunie. Les troupes, habituellement dispersées dans les villes, apprendraient dans ces réunions la vie en commun et les manœuvres d'ensemble; leur esprit s'y retremperait dans des habitudes militaires et des travaux qui ont assurément de l'importance et offrent de l'intérêt.

Mais cela suffit-il? Et peut-on croire, par exemple, que des corps d'officiers, eussent-ils figuré cent fois dans les grandes manœuvres qui sont censées représenter les batailles d'Austerlitz, d'Isly ou de Solférino, entendraient bien la guerre ou seulement l'entendraient mieux qu'avant d'avoir joué leur rôle dans ces représentations? Elles sont

par la force des choses conventionnelles à ce point que
rien absolument, pendant leur cours, si ce n'est le bruit
d'une fusillade et d'une canonnade inoffensives, ne donne
aux exécutants l'idée la plus lointaine d'une vraie lutte
dans la vraie guerre. Les manœuvres elles-mêmes et les
divers mouvements de troupes dans les camps, avec leur
lenteur, leur régularité et leurs formes compliquées et
compassées, n'ont pas d'analogie avec les manœuvres et
les divers mouvements imprévus, toujours rapides, souvent précipités, quelquefois désordonnés, de la bataille.

Il est donc indispensable qu'à ces travaux des camps,
qui soumettent plus étroitement les armées aux règles du
service en campagne et les préparent matériellement à
l'action commune dans la guerre, s'ajoute la préparation
que j'ai dite. Si, comme c'est la coutume en France, cette
préparation n'a pas été faite, et si, ce qui est encore la
coutume, les troupes arrivent devant l'ennemi sans connaître leurs généraux, sans être connues d'eux, sans avoir
rien échangé jusque-là avec eux, la situation est difficile.
Le décousu tend à prévaloir; le hasard domine, avec les
vicissitudes et l'inattendu qu'il entraîne. Dès que les
souffrances et les épreuves surviennent, le laisser-aller
dans l'attitude et la tenue, l'oubli de la règle et des con-
venances militaires se manifestent dans nos rangs. Les
officiers français, les officiers généraux eux-mêmes, passent au milieu des soldats, quelquefois de leurs propres
soldats, sans recevoir d'eux le salut militaire, et, le plus
souvent, sans l'exiger. Nous avons été péniblement frappés, dans les dernières guerres, des contrastes qu'offrait,
sous ce rapport, la juxtaposition de nos troupes et des
troupes alliées. Celles-ci, généralement, étaient discipli-
nées, bien tenues, silencieuses et calmes sous les armes.
Leur service se faisait avec beaucoup d'exactitude et de
méthode. Les soldats étrangers se montraient pleins de

respect pour les officiers français, et d'un respect dont les formes étaient vraiment militaires. Comment aurions-nous pu obtenir des nôtres ces marques de déférence pour les officiers étrangers, quand, dans la plupart des cas, nous ne les obtenions que difficilement pour nous-mêmes?

Aussi, dès que les officiers généraux, qui ont l'expérience de cet état de choses, dû tout à la fois au tempérament particulier de nos soldats et à l'insuffisance de leur éducation militaire, sont entrés en possession d'un commandement en vue de la guerre, leur premier soin doit être de reprendre en sous-œuvre cette éducation. Profitant des séjours, des haltes prolongées dans les marches, et, généralement, de tous les répits que leur laisse la guerre, il faut qu'ils réunissent les officiers dans les conférences dont j'ai montré l'intérêt et le but; qu'ils parlent souvent aux cadres, quand la troupe est réunie sur le terrain, faisant ressortir et élevant à leurs propres yeux l'importance si réelle de leur rôle; qu'ils parlent quelquefois, quand la circonstance est opportune et décisive, à la troupe elle-même; il faut qu'après avoir solidement établi, par ces divers moyens, les principes, ils ne laissent échapper aucune occasion d'en faire publiquement l'application, en l'accompagnant, par la voie de l'ordre du jour, de commentaires propres à saisir les esprits, honorant les braves gens, flétrissant et frappant les indignes, faisant prévaloir enfin, avec une infatigable conviction, les préoccupations d'honneur, de devoir, de dévouement!

Les dépositaires du commandement qui sèmeront ainsi dans l'armée française, recueilleront. Ils auront le noble orgueil de voir s'élever tous les jours dans ces âmes, dont ils ont charge, le niveau des grands sentiments qui sont conservateurs des armées et qui leur donnent, dans la souffrance et dans le péril, la sérénité et la fermeté.

Ces idées ne sont pas dans mon esprit à l'état de théories spéculatives. Je les ai vu pratiquer et je les ai pratiquées moi-même à la guerre. J'ai foi dans leurs résultats. Elles ne sont pas nouvelles, d'ailleurs, et l'histoire de tous les peuples qui ont compris la grandeur des institutions militaires et leur influence sur la marche de la civilisation, témoigne de l'importance qu'ils attachaient à l'éducation de leurs armées. Ils mettaient tous leurs soins à développer chez elles, par des moyens qui ne différaient pas de ceux que je préconise, les aspirations, les sentiments et les principes qui créent cette force morale avec laquelle on peut tout oser. Il est impossible d'expliquer les incroyables entreprises des petites armées d'Alexandre et de César, autrement que par le haut degré de perfection auquel, sous ce rapport, elles étaient parvenues. On sait notamment que jamais ces grands capitaines n'auraient conduit leurs soldats à la bataille sans avoir préalablement élevé leurs âmes à la hauteur des efforts et des sacrifices dont la victoire devait être le prix. « *Toutes les fois* — dit Montaigne, en parlant de César pour qui il est plein d'une si profonde et naïve admiration — *qu'il veut montrer avoir esté surpris ou pressé, il allègue qu'il n'eut pas seulement le loisir d'exhorter ses gens. De vray, sa langue lui a faict en plusieurs lieux de notables services.* »

DE L'ADMINISTRATION DE L'ARMÉE

« On perd de vue dans la paix les exigences de la guerre, et on fait les armées pour la paix. »

(Maréchal BUGEAUD.)

De cette grande question, dont l'exposé et la discussion approfondie comporteraient un volume, je ne dirai que quelques mots, mais ils exprimeront toute ma pensée sur l'erreur où nous sommes tombés en matière de constitution administrative militaire.

Les principes et le mécanisme particuliers qui assurent *dans la paix* satisfaction aux besoins des armées ne se heurtent jamais à de sérieuses difficultés, et l'on peut dire que, quels qu'ils soient, ils remplissent leur objet. Là tout peut être réglé, et les plus grands accidents de cette direction d'affaires se bornent à un contentieux d'une importance secondaire.

· Les principes et le mécanisme qui assurent l'existence des armées *opérant devant l'ennemi* sont compliqués à l'infini et variables comme les événements. *Là tout est imprévu, pressant, et les difficultés ne marchent guère sans les périls.* Les règles ordinaires sont insuffisantes ou sans application possible. Il faut y suppléer par l'esprit d'initiative, le bon sens, l'activité et, avant tout, *par l'expérience des affaires*, car il ne s'agit plus de recueillir des ressources qui existent, d'en régler et d'en contrôler l'emploi : il s'agit le plus souvent de les créer. Assurément, si, comme le dit l'adage populaire, et comme j'en suis convaincu, *il faut, pour être bon forgeron, avoir forgé toute sa vie,* il faut, pour être bon administrateur d'armée, avoir passé sa vie tout entière *dans l'étude et dans la pratique des affaires.* Je retiens ce premier axiome et je montrerai tout à l'heure qu'il est aujourd'hui absolument méconnu.

De cette différence infinie qui existe entre l'administration militaire dans l'état de paix et l'administration militaire dans l'état de guerre, il résulte que les armées dont la constitution administrative s'est le plus approchée de la perfection ont été, dans tous les temps, celles qui, après avoir beaucoup souffert et beaucoup expérimenté dans une longue période de guerres difficiles, avaient mis à profit, dès la conclusion de la paix, alors que tous les esprits en étaient encore pénétrés, les enseignements qu'elles avaient recueillis. En France, après les campagnes de la République et de l'Empire, des hommes dont l'expérience était considérable se réunirent pour doter l'armée d'un système d'administration militaire dont les principes et le mécanisme avaient une haute valeur pratique en vue de la guerre. Les livres qu'ils ont écrits, les règlements qu'ils nous ont laissés, sont restés classiques et entourés parmi nous d'une autorité qui fait loi, bien que, dans une période de quarante ans de paix, nous ayons introduit dans cet ensemble de profondes modifications. C'est encore et exclusivement dans ces livres et dans ces règlements que les officiers et les sous-officiers qui aspirent aux emplois de l'administration militaire contemporaine puisent toute la *science théorique* dont il sont tenus de faire preuve devant un jury d'examen.

Dans le système de ces grands administrateurs, la *direction* et le *contrôle* des divers services fonctionnaient ensemble sans être confondus. L'exécution avait un rôle

particulier dont elle bénéficiait directement par voie
d'abonnement ou, si l'on veut, d'entreprise, et qui était
absolument distinct dans l'ordre des personnes comme
dans l'ordre des faits. Directeurs, contrôleurs, exécu-
teurs étaient des hommes d'affaires, initiés aux affaires
dès leurs premiers pas dans la carrière, et préparés de
longue main à leurs fonctions dans les armées par des
travaux, des échanges, des contacts spéciaux de toute
sorte (1). Ils vivaient, dès l'âge de dix-huit à vingt ans,
dans l'atmosphère générale des transactions — *negotia* —
appliquées particulièrement à l'administration des armées,
et ils y terminaient leur carrière.

Dans le système qui prévaut aujourd'hui, tous ces fonctionnaires, sans exception, avant d'aborder le terrain des
affaires, ont été pendant de longues années, les années de
la jeunesse — celles-là pendant lesquelles les hommes
étudient et apprennent le plus fructueusement — officiers
et sous-officiers dans l'armée! Un examen par-devant un
jury leur tient lieu de dix années, de quinze années de
pratique et d'expériences professionnelles!

On chercherait vainement, je pense, dans l'échelle des
fonctions publiques françaises, un aussi étonnant exemple
d'erreur.

L'administration militaire française est parfaitement
honorable, la plus honorable, je le crois fermement, de
toutes les administrations d'armée en Europe. Justice entière est due à son zèle et à ses efforts, mais elle n'a pas
été constituée en vue des besoins de la guerre où, à quelques égards, elle fonctionne à contresens. Pendant la
campagne d'Italie nos divisions ont souvent manqué de

---

(1) Les fonctionnaires de l'intendance et les agents des services administratifs débutaient dans la carrière en qualité d'*élèves*, étudiant dès
la jeunesse la spécialité où ils devaient rester toujours.

pain, dans l'une des contrées qui en produisent le plus, car son agriculture est merveilleusement riche. Le biscuit manquait également.

Je n'hésite pas à penser que, si, dans des circonstances analogues et pendant une guerre de quelque durée, les mêmes errements administratifs devaient être suivis, la nécessité apparaîtrait d'établir, près des quartiers généraux divisionnaires, un négociant qui serait, sous la surveillance de l'intendance, l'entrepreneur de la subsistance des troupes. C'est ainsi que, pendant la guerre de Crimée, à une plus grande échelle et dans d'autres conditions, alors que tout l'appareil administratif de l'armée, opérant laborieusement et coûteusement, ne pouvait résoudre le problème, une grande maison de Marseille bien connue, intervenant avec l'ensemble de ses relations, de son savoir-faire, de ses moyens de toute sorte, recueillant des millions, mais en épargnant aussi au budget de la guerre, créa l'abondance dans l'armée et rendit toutes les opérations possibles.

Aujourd'hui, tous les fonctionaires de l'administration militaire française, les grands et les petits, ont l'armée pour origine commune. Ils gardent les instincts, les préoccupations, les susceptibilités de la profession où s'est écoulée la première et souvent la plus grande part de leur vie. Ils ont des troupes aujourd'hui nombreuses, troupes dont je reconnais l'utilité, même la nécessité, à la condition que leur chiffre proportionnel soit restreint, et à la condition encore que leur principal objet soit de former, pendant la guerre, des cadres d'instruction et de direction pour les personnels du moment empruntés aux territoires occupés, en vue d'assurer satisfaction aux besoins des armées (transports, services hospitaliers, manutentions diverses, etc.).

L'intendance compte un très grand nombre d'hommes

distingués par l'éducation, par le savoir, tous choisis par
le concours, tous ou presque tous originaires des écoles
polytechnique ou militaire. C'est un *corps d'élite* qui a
conquis parmi nous une position entourée de beaucoup
de considération et d'estime. Mais je crois avoir montré
que, par la nature de son recrutement, il n'a pas toute la
spécialité désirable, au point de vue de l'immense mouvement d'affaires qu'il est appelé à suivre, particulièrement dans l'état de guerre. Pour remplir utilement son
difficile mandat et pour que ce mandat fût respecté, l'intendance a voulu avec raison que sa situation dans
l'armée eût un relief particulier. Elle a cru l'obtenir en
se faisant attribuer l'assimilation de nos divers grades,
du général de division au capitaine, avec les prérogatives
qui s'y rattachent, et, avec le temps, elle a absorbé jusqu'à un certain point l'administration militaire tout
entière. A mon avis elle s'est trompée.

Je termine ces réflexions par un résumé sommaire *des
principes de guerre* qui me les ont inspirées :

La *direction* de l'administration des armées appartient
au commandement, parce que les armées sont faites pour
la guerre *où il est seul responsable*. Il est regrettable et il
est contraire à l'intérêt public que le commandement se
soit laissé peu à peu détourner, deshabituer, presque dés-
intéresser de cette direction. Quand l'intendance l'exerce,
ce devrait être expressément par délégation du commandement.

L'*exécution* doit être confiée à des agents civils, intéressés dans leur gestion garantie par un cautionnement
proportionné à son importance, responsables financière-
ment, hommes d'affaires avant tout et d'expérience commerciale, opérant sous la surveillance de l'intendance.

Le *contrôle* est une haute et nécessaire mission que l'intendance tient directement de l'État, et qu'elle doit remplir avec une indépendance absolue. C'est dans la plénitude de cette indépendance spéciale qu'elle aurait dû chercher la considération et les respects qui lui sont indispensables et auxquels elle a droit. Elle les a demandés, en créant jusqu'à un certain point l'antagonisme, aux grades et aux prérogatives militaires afférentes, prérogatives que le commandement, souvent avec quelque passion, ne manque pas de lui contester et de lui rendre amères.

DE LA PRÉPARATION DE LA GUERRE

« Pour la guerre, la prévoyance doit embrasser le possible comme le probable. »
(Maréchal MARMONT.)

Entre tous les faits qui concourent le plus directement et le plus efficacement au succès d'une entreprise militaire, la *préparation* tient le premier rang. Sans doute le génie de l'homme qui conduit la guerre en peut dominer quelquefois les événements, mais il ne les domine que dans une certaine mesure et pour un temps limité. Et l'histoire nous montre que les plus grands génies militaires du monde, César, par exemple, et l'empereur Napoléon, qui avaient tant de raisons de se confier à leur inspiration et à leur fortune, ne dédaignaient pas la préparation, qu'ils s'y appliquaient au contraire tout entiers, qu'ils en avaient fait une science profonde à laquelle ils ont toujours beaucoup demandé.

Dans la guerre, les marches prolongées, les souffrances de toute sorte avec les maladies qui en sont la suite, enfin les combats, mais dans une proportion relativement restreinte, produisent sur les armées des effets permanents et très étendus de désorganisation. Il faut y pourvoir par de continuels renouvellements d'hommes et de matériel, par de nouveaux efforts budgétaires, et, entre deux nations belligérantes, c'est, en définitive, à celle qui assure le

mieux et le plus souvent ces renouvellements, comme
entre les armées qui combattent, c'est à celle qui amène
sur le terrain les dernières réserves, que l'avantage demeure (1).

Telle est la règle générale de la guerre, et les exceptions
fondées sur des succès du moment ne sauraient la détruire. Quand les opérations commencent, on ne sait pas
qui sera battu et qui sera battant ; on sait seulement que,
battu ou battant, il faudra se renouveler, et c'est par la
préparation qu'on satisfait à cette grande nécessité militaire.

La préparation consiste d'abord à organiser solidement,
tant en principal qu'en accessoires, les troupes destinées
à entrer les premières en ligne et *les troupes destinées à*
les appuyer (c'est par là qu'on assure, dans la mesure
qu'on peut, la chance de ces premiers succès dont j'ai
fait ressortir ailleurs l'importance capitale, qui créent
ce qu'on peut appeler *le moral de la guerre* et préjugent
souvent les résultats de la campagne en cours) ; à discuter
les extensions probables ou seulement possibles de la
guerre, avec ses hauts et ses bas inévitables ; à tout disposer, quant aux personnes et quant aux choses, pour
faire face à ces extensions ; à accumuler les approvisionnements sur certains points, en dégarnissant certains
autres points ; à échelonner les ressources et les moyens
existants, dans les directions qui conviennent ; à créer des

---

(1) Ce qui crée la puissance incontestée de la marine militaire anglaise, ce n'est pas le nombre de ses vaisseaux, c'est la grandeur des
renouvellements (efforts budgétaires, ressources de toute sorte en hommes bien préparés, en chantiers de construction, en matériaux, en
combustible, etc.) dont elle dispose. — Des faits du même ordre expli-
quent par analogie la puissance militaire de la France. — Le succès
final, si chèrement acheté, des armées alliées devant Sébastopol, a été
obtenu *à coups de renouvellements* que la possession de la mer rendait
faciles, prompts, assurés, alors que ceux de la Russie étaient lents, la-
borieux, ruineux et souvent impossibles.

réserves d'hommes, de matières, d'argent ; à préparer, dans certaines conjonctures, l'esprit public à des sacrifices inattendus ; en un mot, *à prévoir*, et à tout organiser en vue des prévisions admises.

C'est un programme compliqué, difficile, d'une importance de premier ordre, et hors duquel ni les armées ni les gouvernements n'ont de sécurité. Il faut, pour en fixer théoriquement les termes et pour en réaliser l'application, du temps, du calme, un examen sérieux de la statistique agricole et commerciale du théâtre certain et du théâtre éventuel des opérations, des études militaires et politiques approfondies, etc., etc.

Le mécanisme de l'armée française, malgré ses complications et quelque décousu, s'est prêté de tout temps aux exigences de la préparation de la guerre. Pourquoi donc cette grande tradition, ces habitudes si anciennes parmi nous, s'altèrent-elles ? Des faits multipliés, très divers, graves, ont marqué dans nos dernières campagnes (Orient, Italie, Mexique) cette altération qui s'est invariablement manifestée sous des formes que je veux indiquer brièvement :

La guerre paraissait imminente et occupait tous les esprits. On la niait, on l'affirmait, et, au milieu de ces incertitudes de l'opinion, elle éclatait. A ce moment, par terre et par mer, par wagons et par bateaux, dans la précipitation et le pêle-mêle, les troupes, hommes et chevaux, le matériel, les approvisionnements, etc., étaient mis en mouvement, encombraient toutes les voies et allaient s'accumuler un peu au hasard sur tel point et sur tel autre. A chacun des groupes qui prenaient terre, avec des manquements et dans le désarroi qu'on peut imaginer, on disait : « débrouillez-vous ». et il s'en allait insoucieusement du côté de l'ennemi, avec cette formule essentiellement française.

Le merveilleux, et c'est là peut-être la plus réelle origine de notre supériorité militaire, que nous attribuons à d'autres causes parce qu'elles ont plus d'éclat et caressent mieux l'amour-propre national, le merveilleux, c'est qu'on « se débrouillait » en effet. Par toute sorte de moyens et par toute sorte d'industries, on se complétait, on se constituait un peu plus et un peu mieux, chaque jour, en cheminant. L'heure venue des premiers chocs, si on n'était pas en mesure, quelques-uns seulement le savaient, personne ne s'en mettait en peine dans tous les cas, et on opérait absolument comme si on avait été armé de toutes pièces.

Assurément, il est heureux que nos troupes aient à un si haut degré la faculté de « se débrouiller » — elle n'est pas en campagne médiocrement précieuse ; — mais en venir au point de fonder sur cette faculté toute la préparation et une part de la pratique de la guerre, c'est un excès et c'est trop donner au hasard (1).

Que les militaires impartiaux de tous les pays, — et j'en appelle expressément ici aux officiers de l'armée prussienne que j'ai en haute estime, — rapprochent de bonne foi la situation des deux armées en présence en 1866. Ils reconnaîtront que la Prusse, merveilleusement préparée, armée de toutes pièces, opérant dans l'unité, exécutant fermement toutes les parties d'un programme bien mûri et bien arrêté, sans crainte pour ses flancs et pour ses derrières, a saisi l'Autriche insuffisamment prête, médiocrement armée (infanterie), embrouillée dans les pénibles efforts

_____

(1) Personne, en outre, ne sait, parce qu'il est réellement très difficile de s'en rendre compte, jusqu'où va le gaspillage des hommes, des matières et de l'argent, dans un système où les efforts calculés et pondérés de la préparation de la guerre pendant la paix sont remplacés par les efforts pleins d'à-coups et inévitablement ruineux de la préparation de la guerre pendant la guerre elle-même.

du concert politique et militaire à établir au dernier moment entre des alliances et des armées multiples, engagée
par le tiers de ses forces vives dans une guerre latérale,
enfin aux prises avec cette situation critique que nous dé-
finissons, dans le langage technique, en disant que les gouvernements sont surpris en flagrant délit de préparation,
les armées en flagrant délit de concentration.

Si là n'est pas tout le secret, là est, je le crois, la plus
grande part du secret de cette guerre pleine d'avertissements pour les gouvernements, bien plus que pour les
armées.

Après chaque campagne, les stratégistes et les tacticiens
militaires et civils, opérant dans le cabinet, les événements
accomplis, se chargent de l'expliquer. Ils montrent le bien
jugé des conceptions et ils en montrent l'erreur. Mais combien de faits, créant dans l'exécution le possible ou l'impossible, échappent aux théoriciens de la guerre !

Laissons à la foule, toujours prête à l'adoration du succès
et à l'insulte de la défaite, le soin d'exalter les victorieux,
d'accabler les vaincus. Un général qui avait vieilli dans le
service et dans l'estime de son pays, que l'opinion publique faisait le premier la veille, qu'elle faisait le dernier
le lendemain, porte seul aujourd'hui, dans une retraite
obscure et raillée, le poids de ce grand désastre. Et nous
voyons les gouvernements, dans un sentiment que devraient leur défendre la vérité, l'équité et le respect d'eux-
mêmes, traîner à présent devant la justice officielle les
chefs militaires que la fortune a trahis sur le champ de bataille ! Dussé-je rester seul contre tous, avec d'inébranlables convictions, je protesterai contre ces actes qui ne sont
ni justes ni judicieux, et qui abaissent la dignité des armes dans l'esprit des peuples. Ils ont pour but de dé-
guiser et ils révèlent, à mon avis, l'incurable faiblesse des
pouvoirs publics incapables d'assumer la part de responsa-

bilité qui leur appartient, par la *préparation*, dans les événements de la guerre, capables, pour s'y soustraire, d'en faire retomber tout le poids sur les généraux des armées, en les vouant aux colères ou aux dédains de la multitude.

Puissent ces témoignages sympathique d'un inconnu contribuer à adoucir les amertumes accumulées dans l'âme des généraux malheureux de ce temps. Je les plains sincèrement, parce que, ayant vu la fortune à l'œuvre sur le champ de bataille, je sais par quels à-coups et par quel inattendu elle procède. Je les plains surtout, parce que je crois que cette épigraphe d'une relation allemande, remarquée parmi nous, de la bataille de Kœnigsgrætz : « Cherchez les causes de la catastrophe dans les erreurs de l'État », est trop souvent vraie.

INFANTERIE

On dit proverbialement que « l'infanterie est la reine des batailles ». C'est une vérité qu'aucun homme de guerre ne contestera, mais dont l'expression vague et poétique veut être précisée. L'infanterie est tout à la fois *l'agent principal* du combat et le *point d'appui* de tous les autres agents du combat. Si elle avance, faisant plier devant elle les lignes qui lui sont opposées et occupant successivement leurs positions, c'est la victoire acquise. Si elle conserve son terrain, tenant ferme et luttant sans regarder en arrière, c'est la victoire encore incertaine qu'une manœuvre heureuse et un dernier effort peuvent fixer. Si, dominée par les événements, elle recule et recule encore, hors d'état de profiter des points d'appui que le champ de bataille lui offre pour faire tête et reprendre l'offensive, c'est la défaite qui s'annonce.

Ainsi la contenance de l'infanterie règle sur le champ de bataille le degré d'avancement de la crise, en même temps que le niveau du moral et des espérances de la masse entière. Quelle grande mission !

Et cette mission du moment remplie, l'infanterie rencontre sa tâche permanente qui est de cheminer tous les jours sous la charge pesante (1), d'exécuter tous les grands

---

(1) Trente-cinq kilogrammes environ, plus du tiers de la charge réglementaire du mulet en campagne.

travaux, de veiller le jour et la nuit à la sûreté de tous, de prêter ses auxiliaires à toutes les armes et à tous les services.

Je crois avoir justifié la définition que j'ai donnée du rôle de l'infanterie à la guerre. *Elle est l'instrument de la force et de la durée.*

Il faut, en effet, que la masse entière soit très solide, *et dans toutes ses parties également solide,* c'est-à-dire que la force et la faiblesse soient partout mêlées, celle-là servant à celle-ci de point d'appui, d'exemple, d'excitant permanent, et non pas la force condensée sur quelques points des lignes, la faiblesse sur quelques autres.

Pour obtenir ces effets de solidité généralisée, il faut distribuer les éléments du recrutement entre l'infanterie et la cavalerie, dans d'autres vues que celles qui président traditionnellement à cette opération. L'infanterie aurait un hommes vigoureusement constitués, la cavalerie en hommes d'un poids léger, une part plus large. Enfin, l'heure me paraît venue de fondre, dans les régiments d'infanterie, les bataillons de chasseurs à pied. La spécialité de ces bataillons, si réelle autrefois et si utile, particulièrement dans la guerre d'Afrique, a-t-elle gardé ce double caractère de réalité et d'utilité? L'expérience se prononce pour la négative. D'une part, *la spécialité de leur armement* (1), fort diminuée par l'adoption pour toute l'infanterie du fusil rayé, disparaît par l'adoption du fusil à tir continu devenu l'arme commune. *Leur spécialité d'habileté* dans le tir est, à certains égards, contestable: dans tous les cas, sans entrer à ce sujet dans des discussions qui seraient sans but, et admettant avec tous ses effets la

---

(1) La spécialité de l'armement fut l'objet principal de la création des bataillons de chasseurs à pied. On n'imaginait pas alors que la masse de l'infanterie pût être armée d'un autre fusil que celui dit de munition.

spécialité dont il s'agit, il est acquis qu'elle n'est pas uti-
lisable à la guerre. Les généraux divisionnaires qui ont
commandé devant l'ennemi ont fait sur ce point des expériences concluantes. Quel rôle la plupart d'entre eux ont-
ils assigné, dans les dernières guerres, à leurs bataillons
de chasseurs envisagés bien plus au point de vue de leur solidité que de leur spécialité ? Le rôle de réserve destinée à
l'imprévu. Ainsi, des troupes qui représentent expressément
l'infanterie légère française, *c'est-à-dire la force agressive*,
deviennent obligatoirement des *troupes de soutien !*

Rendez à la masse de l'infanterie ces beaux bataillons
composés d'individualités toutes choisies en raison de leurs
aptitudes vigoureuses ; rendez-lui les compagnies d'élite
qui offrent le même caractère complété par des garanties
morales, sous la forme de soldats d'élite répartis entre
toutes les compagnies, et vous aurez donné à vos lignes de
bataille, en vous dégageant de traditions respectables sans
doute, mais absolument vieillies, leur maximum de solidité.

... On ne peut compter à la guerre, pour obtenir les
feux de précision dont le but est de *déloger* des groupes
occupant des points choisis d'où part un tir meurtrier (1),
que sur l'action de tireurs habiles convenablement postés.
Ce serait là l'objet de deux pelotons spéciaux de chaque bataillon. Commandés par des officiers et des sous-officiers
spéciaux eux-mêmes, ils seraient distribués par petits
groupes sur toutes les positions d'où, à couvert ou presque à couvert, souvent en dehors de la sphère particulière
du combat, ils pourraient opérer utilement...

---

(1) Combien de fois, dans la guerre d'Afrique, n'avons-nous pas vu
cet effet réalisé par quelques bons tireurs établis isolément et à couvert, alors que les feux violents de toute la masse de nos tirailleurs,
soumis eux-mêmes à la fusillade, étaient impuissants à l'obtenir !

CAVALERIE

—

Les difficultés spéciales que la cavalerie a rencontrées pour remplir dans les dernières guerres, particulièrement dans la campagne de 1859, en Italie, le rôle que la tradition lui assigne; les perfectionnements successifs qui ont rendu si redoutables les feux de l'infanterie, ont fait naître une opinion qui ne s'exprime encore que timidement, mais qui semble, comme on dit, faire son chemin. Elle tend à montrer que l'action de la cavalerie est à présent impuissante, presque impossible, et que l'heure est venue d'en réduire notablement la proportion dans les armées.

C'est là une erreur qu'il est très important de ne pas laisser s'accréditer. La cavalerie est par excellence dans la guerre *l'instrument de la vitesse*, l'instrument producteur, non pas *des grands chocs* comme on le croit trop généralement, mais *des grands effets moraux* qui paralysent; qui désorganisent, et dont les résultats, dans des circonstances données, sont incalculables.

La foule croit que la cavalerie procède toujours en heurtant les masses qui lui sont opposées, en les pénétrant, en les dispersant par le poitrail du cheval et par le sabre ou la lance. Elle croit encore que, dans les chocs d'infanterie contre infanterie, les groupes qui se rencontrent se percent à coups de baïonnettes, dans une lutte

homérique où le sang coule à flots (1). Dans l'un et l'autre
cas, les duels au sabre et à la baïonnette restent au contraire à l'état de faits accidentels et presque toujours
isolés. C'est *un effet moral, non un effet de choc généralisé, qui
décide de la crise.* L'infanterie, par exemple, qui ne serait
pas parvenue à démoraliser, à désorganiser et finalement
à contraindre à la retraite, par une ferme attitude et
par son feu, la cavalerie qui la charge et *arrive en masse
jusqu'à elle, est perdue avant d'avoir reçu un coup de sabre.*
Les hommes se troublent et abandonnent toute confiance.
Ils se pelotonnent en troupeau de moutons. Le coude à coude
et l'organisation qui faisaient leur force sont détruits. Ils
sont entourés dans cet état, et faits prisonniers en bloc.

Et l'arme qui obtient de tels résultats verrait l'importance de son rôle diminuer, alors que toutes les vues et
tous les moyens de la guerre tendent à créer la rapidité
dans l'exécution! C'est inadmissible. La fonction de la
cavalerie dans les combats grandira au contraire, mais à
la condition que cette arme, abandonnant certaines
croyances et certaines traditions, *se transforme,* alors que
se transforment autour d'elle les habitudes et les procédés
du champ de bataille.

Le principe de cette transformation est simple et peut
se résumer en quelques mots : il faut alléger la cavalerie
pour en faire un instrument de vitesse supérieure, et introduire dans ses manœuvres des simplifications du même
ordre que celles dont j'ai demandé l'adoption pour l'infanterie.

Cette nécessité de l'allègement de la cavalerie résulte de
l'obligation qui lui est généralement faite aujourd'hui, *de*

---

(1) Une seule fois, je pense, dans la guerre contemporaine, à Inker-
mann, on a vu deux groupes d'infanterie se heurter à la baïonnette et
se mêler, *mais très momentanément.* Peu d'hommes, relativement
périrent *par le fer* dans ce choc accidentel.

partir de plus loin, en raison de la plus grande portée des armes, *et d'arriver plus vite,* en raison de la masse de projectiles que lui oppose le tir sans intermittence de l'infanterie. Mais j'ai toujours eu l'opinion que, en dehors de cette aggravation de difficultés et de périls, qui est d'origine récente, la constitution de la cavalerie, au point de vue des rapports (nécessairement proportionnels) qui doivent exister entre le poids que porte le cheval de guerre et la nature des services de vitesse qu'on en doit attendre, ne remplissait qu'imparfaitement le but.

En effet, nos règlements militaires admettent que la charge du mulet de bât, dont la fonction est de porter des fardeaux à l'invariable et paisible allure du pas, en cheminant sur des routes, au moins sur des sentiers frayés, ne doit pas généralement dépasser *cent kilogrammes,* en campagne. Un cheval de guerre dont la fonction est de porter tous les jours, à des allures variables, un cavalier armé avec son harnachement et son bagage; dont l'objet principal est de faire avec cet ensemble, à une vitesse *maxima* et à travers champs, un parcours quelquefois très étendu (il arrive souvent qu'un jour de bataille, la charge soit plusieurs fois renouvelée), porte un fardeau qui varie dans les limites de *cent quinze à cent cinquante kilogrammes* suivant l'espèce de cavalerie (légère, de ligne, de réserve ou cuirassée)!

Ce rapprochement est saisissant, et je crois que nous sommes tenus de *tout faire* pour que le cheval de guerre, cet animal noble entre tous, précieux, et dont la conservation, difficile en campagne, importe à de si grands intérêts, bénéficie de l'esprit de sagesse qui a réglé le travail du mulet à la suite des armées.

Le harnachement de la cavalerie anglaise dont les chevaux ont du sang, avec une réputation d'énergie que je crois méritée, pèse trois et demi, cinq et sept kilogrammes (suivant l'espèce de cavalerie) de moins que le nôtre. C'est un progrès considérable, et que rien apparemment ne nous défend de réaliser. Mais j'aspire pour notre cavalerie à des avantages d'allégement plus décisifs. Je demande que le principe de sa constitution soit celui qu'exprime la formule suivante : « des cavaliers légers sur des chevaux énergiques et résistants ». Il serait l'origine d'une sorte de révolution dans nos traditions de recrutement. Un nombre considérable d'hommes grands, fortement constitués, actuellement réservés aux différentes catégories de cavalerie, entreraient dans les contingents de l'infanterie et lui apporteraient les éléments de vigueur et d'attitude qui lui manquent.

Les contingents de cavalerie comprendraient : 1° sans distinction, sauf les cas d'inaptitude physique constatée, tous les jeunes soldats que leur profession antérieure aurait mis en contact avec les chevaux ; 2° ceux qui répondraient convenablement à la première condition de la formule « cavaliers légers ». Ai-je besoin de dire que les chevaux de taille démesurée, les cuirasses, les casques, disparaîtraient pour toujours, et que l'armée française n'aurait plus qu'une seule espèce de cavalerie (1), comme, dans les vues que j'ai précédemment exprimées, elle n'aurait plus qu'une seule espèce d'infanterie ? Tous les

---

(1) J'entends par là que tous les régiments de cavalerie, soumis à la plus complète uniformité, ne seraient plus différencés entre eux que par l'espèce de leurs chevaux. (Les chevaux d'un même régiment, pour qu'il forme un tout homogène, doivent être de même origine et de taille peu différente.)

En demandant la suppression de la cavalerie à casque et à cuirasse, je n'ai en vue que les nécessités faites à la guerre par l'état actuel de perfectionnement des armes à feu. Quand le progrès sera porté au comble, quand, par exemple, le fusil d'infanterie tirera quarante coups à la minute, au lieu de six, il est évident que, par un singulier revirement dans les idées et dans les faits, les armées (troupes à pied et à cheval) devront recourir comme autrefois à la protection des armes défensives.

jeunes soldats qui, après un noviciat d'un mois dans la cavalerie, ne seraient pas reconnus aptes, seraient invariablement renvoyés à l'infanterie, car la condition d'*aptitude naturelle*, en matière de cavalerie, a une importance de premier ordre dont, à mon avis, nous ne nous montrons pas assez préoccupés.

Enfin, et pour compléter ces généralités sur l'allégement de la cavalerie, je dirai que les régiments de cette arme, en campagne, devraient être suivis d'un petit nombre de voitures légères d'un modèle particulier, dont l'objet serait de transporter pour chaque escadron *les impedimenta inévitables*, je veux parler du matériel de campement, de l'outillage, de tous ces accessoires qui jonchent le chemin, jetés qu'ils sont par les cavaliers, quand l'ennemi se présente inopinément et que la charge sonne.

En terminant, je reviendrai sur une opinion que j'ai déjà exprimée au sujet du rôle de la cavalerie à la guerre. On dit que, pendant le cours des marches et des mouvements préparatoires, il faut l'entourer de soins conservateurs et de ménagements infinis, pour qu'elle puisse arriver avec tout son ressort et avec toutes ses forces sur le champ de bataille où, *l'heure venue,* elle doit être dépensée en son entier, sans hésitation. Le principe est vrai, mais il reçoit souvent, *quant au choix de l'heure,* l'application la moins opportune. Je demande qu'on ne perde pas de vue que la cavalerie est particulièrement faite pour achever et pour enlever l'infanterie dont la désorganisation a été commencée par la mousqueterie et par le canon, non pour aller heurter des masses en possession de tout leur moral, de tout leur effectif et de tout leur feu. Elle perd ainsi, sans profit, la plus grande part de ses forces qu'il est si difficile de renouveler et la plus grande part de sa confiance en elle-même, dont un insuccès, toujours très coûteux, abaisse inévitablement le niveau.

TACTIQUE DE L'ARMÉE FRANÇAISE

> « Lorsqu'on étudie avec soin la tactique moderne, on est frappé d'étonnement de l'espèce d'apathie où reste la France en présence de la marche progressive des nations qui l'entourent. Ses règlements qui sont les nôtres sont les plus incomplets qui existent.....
>
> » La gloire militaire semble aveugler ses tacticiens. Ils disent : « Nous avons » vaincu l'Europe avec notre organisa- » tion actuelle, nous avons la tradition. »
>
> » La tradition sert d'excuse à l'insou- ciance, et elle a perdu plus d'armées qu'elle n'en a sauvé. »
>
> (*Considérations sur la tactique de l'infanterie*, par le général Re- nard, de l'armée belge, 1857.)

Je me propose de dire quelques mots de la tactique française contemporaine ou, pour être plus exact, des entraînements qui forment à présent le fond de l'éduca- tion de nos troupes en vue du combat. La tactique, envi- sagée d'une manière générale, est un sujet difficile, com- pliqué, dont la discussion savante a rempli des volumes. Mais j'avertis ici mon lecteur que je ne le soumettrai pas à l'ennui des dissertations nouvelles sur les ordres paral- lèle, oblique, mince ou profond comme on disait autre- fois, linéaire ou perpendiculaire comme on dit aujourd'hui. Mon exposé ne sera pas savant; il ne sera technique que dans une faible mesure. J'attache autant de prix à faire accueillir par les hommes du monde que par les militaires les idées que je vais exprimer. Elles sont simples et reposent exclusivement sur l'observation des faits, comme le voulait le bon sens pratique des anciens.

———

La tactique de l'armée française dans les dernières guerres, c'est-à-dire la forme qu'elle a donnée le plus habituellement à son action sur le champ de bataille et à ses manœuvres, est difficile à définir. En général, les troupes animées du meilleur esprit, marchant à l'ennemi avec l'entrain et l'activité qui leur sont propres, arrivaient précipitamment sur le terrain de la lutte. Quand quelques hommes frappés les premiers tombaient çà et là, les bataillons se hâtaient dans une agitation silencieuse, mais déjà difficilement contenue, et qui motivait un commencement de confusion dans les rangs. Quand venaient les grands coups (1) et les grandes pertes, les troupes, soit qu'elles fussent déployées en vue de la fusillade, soit qu'elles fussent en colonne en vue de la charge, s'impressionnaient et s'animaient à un haut degré. Incapables de subir sur place et dans le calme de tels sévices, plus incapables encore de songer à s'y soustraire par la retraite, elles s'élançaient en avant, comme pour atteindre et pour détruire, dans son foyer même, la cause de ces redoutables effets.

On aperçoit, sans qu'il soit besoin d'y insister, les incon-

———

(1) Le son mat, sourd, sinistre, du boulet pénétrant un groupe serré d'infanterie, même le son d'une balle arrêtée dans sa course bruyante, par un corps humain, quand ils sont entendus de près, produisent sur l'oreille et sur tout l'appareil nerveux un effet d'angoisse indéfinissable, bien plus profond que l'effet produit par les sifflements qui annoncent le passage de ces projectiles.

vénients que créerait, dans beaucoup de cas, ce genre
d'attaque par des masses qui s'entraînent d'elles-mêmes,
en échappant aux directions du commandement. Mêlées
en quelque sorte à l'ennemi, elles paralysent souvent et
très inopportunément l'action à distance de l'artillerie,
même celle de la cavalerie qui ne peut plus opérer à son
heure, et doit quelquefois se lancer en avant, non plus
pour achever la déroute des lignes ennemies ébranlées,
comme c'est expressément son objet, mais pour dégager
l'infanterie compromise, ou pour refouler l'ennemi qui
déborde sur un point de la ligne de bataille resté découvert.
Il arrive ainsi qu'une vaillante cavalerie se heurte à des
masses intactes d'infanterie qui la reçoivent résolument et
la désorganisent, alors qu'une charge convenablement préparée par le feu de l'artillerie et par la mousqueterie les
eût dispersées. On voit encore notre infanterie aborder
des points solidement occupés, des villages par exemple,
avant qu'une vigoureuse canonnade, prolongée autant qu'il
est nécessaire, en ait renversé les principaux obstacles et
dégagé les avenues, en portant le trouble dans l'âme de
leurs défenseurs.

En un mot, rien n'est à sa place dans ces habitudes
d'agression par entraînement. Il peut arriver qu'elles ne
troublent pas profondément l'exécution du plan général
de la bataille, mais elles en déconcertent les combinaisons
particulières et laissent les commandants en sous-ordre
dans la perplexité et l'embarras.

C'est un point controversé parmi nous, de savoir à
quelles causes il convient d'attribuer cette aptitude à une
offensive en quelque sorte déréglée, d'une armée qui fut,
il est vrai, très véhémente en tout temps, mais qui a fait
autrefois ses preuves de calme et de solidité dans la grande
guerre. Je crois qu'elle est l'effet de trois causes distinc-
tes. — La première, qui est générale, permanente, et que

j'ai proposé de modifier par l'éducation, dépend du tempérament, nerveux, impressionnable et ardent de nos soldats. — La seconde, qui est spéciale, se rattache aux enseignements, à présent très anciens et formant tradition
parmi nous, que nous devons à la guerre d'Afrique. La
conquête de l'Algérie et les insurrections qui nous ont
plus d'une fois troublés dans sa possession depuis la conquête, ont été pour l'armée française une école de guerre
d'un haut intérêt. Il a fallu de considérables efforts de
toute sorte qui nous ont appris à résister aux grandes
fatigues, à exécuter de pénibles travaux, et qui nous ont
conduits à vaincre un ennemi entreprenant, mobile à l'excès, difficile à saisir. Mais en dehors de quelques actions
de guerre d'exception, qui ont exigé un certain déploie-
ment de forces engagées suivant des règles déterminées,
nos opérations avaient pour objet habituel de « battre
l'estrade », comme on disait autrefois. Des luttes partielles,
souvent imprévues, quelquefois dramatiques, exerçaient
continuellement l'intelligence des officiers, des sous-officiers, des soldats, et développaient parmi nous des habitudes d'*individualisme militaire* qui sont devenues excessi-
ves. En un mot, notre éducation pratique de combat
comporte une certaine part de laisser-aller et de décousu, auxquels il faut appliquer des redressements, en
vue des grandes opérations de la guerre ordinaire et des
batailles en ligne, qui exigent absolument le calme, le
coude à coude, la méthode, dans un ensemble silencieux
et bien ordonné. — La troisième cause tient à la forme de
nos règlements de manœuvres. J'entrerai ici dans quelques
développements nécessaires pour justifier la déclaration
que j'ai faite ailleurs que, « en France, nous faisons marcher de front les routines les plus obstinées et les innovations les moins mûries ».

DES MANŒUVRES

J'ai montré que, tourmentés par le besoin « de faire, de défaire et de refaire », nous innovions beaucoup et à chaque instant dans l'armée, mais que nous innovions sous l'empire des impressions ou des excitations du moment, de la mode si l'on veut, rarement après un examen sérieux, approfondi, et dans une pensée d'ensemble qui réaliserait ce précepte d'un si ferme bon sens : « Il importe à la solidité et à la durée des institutions militaires, disait le maréchal Bugeaud, que leurs actes fondamentaux soient originaires d'une même époque et inspirés par son esprit et par ses besoins. Autrement, ils ne représentent qu'un tout décousu et boiteux qu'il faut incessamment retoucher, d'où naissent la confusion, l'instabilité, et, dans les armées, une certaine déconsidération des institutions elles-mêmes. »

Nous avons donc à la fois « le très neuf et le très vieux ».

Les exercices et manœuvres de Potsdam constituaient, je l'ai dit, un grand progrès d'organisation et de tactique. L'imagination publique en fut tellement pénétrée que trois règlements se succédant, en France, pendant la durée d'un siècle, en ont gardé le fond et presque toutes les formes compassées. Voilà comment il se fait que le jeune soldat français, si généralement intelligent et qu'assouplissent sans peine quelques exercices élémentaires de gymnastique, soit encore aujourd'hui traité « à la prussienne » par la position dite *du soldat sans armes*, par le mouvement de *tête à droite* et *tête à gauche*, etc. Dans la *position du soldat sans armes*, le patient a *les talons sur la même ligne et rapprochés autant que sa conformation le permet*, c'est-à-dire, dans la plupart des cas, rigoureusement joints, et *les pieds un peu moins ouverts que l'équerre*, attitude pleine de contention et de roideur qui lui interdit de se baisser. Permettez à ses talons l'écart, à ses pieds la disposition que crée l'équilibre naturel du corps, et tous ses mouvements deviennent libres et aisés. Il est vrai que le rang n'offre plus cet ensemble uniformément symétrique, si cher aux amis de la tradition allemande. Mais par combien d'avantages pour la troupe ce faible inconvénient de « coup d'œil » n'est-il pas racheté ?

Je ne m'étendrai pas sur ces détails techniques, qui fatigueraient le lecteur. Il me suffit de dire que les écoles de soldat, de peloton et de bataillon sont, par les mêmes raisons d'origine, d'une complication infinie. Toutefois, ce sont des exercices de garnison dont le caractère est préparatoire, et les « fanatiques de l'art » peuvent dire que leur complication est compensée par l'avantage de rompre les troupes à tous les mouvements possibles et impossibles du champ de Mars.

Mais aujourd'hui que les progrès de l'artillerie et de la mousqueterie ont doublé et triplé en avant des lignes la distance où l'on tue ; aujourd'hui que, sur un champ de bataille, les masses ne sont réellement en complète sécurité nulle part ; que tout le secret de la guerre est dans la *vitesse réglée*, l'ordre et le *silence* (1) ; que l'inflexible rigi-

---

(1) Sous le rapport du silence, absolument indispensable dans le combat, toute l'éducation de nos troupes est à faire.

dité de l'ancienne ligne de bataille prussienne a été remplacée par l'élasticité, par la mobilité et par l'indépendance
relative des éléments qui la forment, n'est-il pas évident que la simplicité et la clarté dans la théorie, la facilité
et la rapidité dans l'exécution, sont la loi absolue des
manœuvres et de la tactique modernes?

Les officiers qui n'ont pas étudié la succession des faits
historiques manquent rarement d'opposer à ma discussion
le raisonnement traditionnel dans lequel s'endorment tous
nos efforts. *L'Empire*, disent-ils, *n'avait pas d'autre règlement que celui de 1791, et c'est avec lui qu'il a vaincu l'Europe.* C'est là une erreur fondamentale : pendant que « *la
France réglementaire* » ne pouvait se résoudre à sortir des
doctrines prussiennes du siècle dernier, « *la France mili-
tante* » créait pratiquement sur les champs de bataille de
la République et de l'Empire, avec une invincible autorité,
une tactique (1) nouvelle qui renversait tout l'édifice du
grand Frédéric. Cette tactique n'était écrite nulle part ;
elle était née de l'esprit d'initiative inspiré par les guerres
de la Révolution, spécialement par les grandes leçons de
1796 et de 1800 en Allemagne et en Italie. La tactique en-
roidie et compliquée de Frédéric II rencontra pendant ces
guerres, et plus tard dans un duel fameux, à Iéna, la tactique leste, élastique et osée de Napoléon et de ses généraux. L'armée prussienne, excellente, pleine de dévouement et pleine de confiance dans l'illustre école qu'elle
représentait, périt en un jour ! Et c'est de cette grande
leçon que datent pour la Prusse les réflexions, les recherches, les efforts continués pendant cinquante ans, qui ont
conduit son armée au degré de valeur où nous la voyons.

---

(1) J'en ferai connaître ci-après l'esprit et les procédés, exposés par
l'un des divisionnaires d'infanterie les plus célèbres de la Grande
Armée.

J'ai montré que la bataille de *Rosbach* avait été, pour la France, le point de départ de perfectionnements militaires qui devaient rester dans sa règle écrite bien longtemps après qu'elle les eut répudiées pour l'action — comme la bataille d'*Iéna* avait été, pour la Prusse, le point de départ des perfectionnements successifs qui viennent de faire leurs preuves à Sadowa. D'où ressort cette philosophie frappante et vieille comme la guerre elle-même, « que les enseignements des grandes défaites, qui renversent tout un ordre d'idées et de faits acquis, servent mieux l'avenir des institutions militaires que les enseignements des grandes victoires, qui consacrent ces idées et ces faits ». Les premiers imposent aux gouvernements et aux armées la modestie, avec une sorte de retour sur eux-mêmes, qui leur conseille le travail, les comparaisons, et les conduit au progrès. Les seconds créent l'orgueil avec la confiance illimitée dans des moyens et des procédés qui vieillissent avec le temps et ne répondent plus, au jour des grandes crises, à les nécessités nouvelles. C'est la justification des dires pleins de sagacité et de profondeur du savant général étranger que j'ai déjà cité : « La tradition sert d'excuse à l'insouciance, et elle a perdu plus d'armées qu'elle n'en a sauvé. »

J'ai dit que, pendant que nos règlements de tactique restaient dans leur presque immobilité aujourd'hui séculaire, les armées de la République, à dater des campagnes du général Bonaparte en Italie et de Moreau en Allemagne, et plus tard les armées de l'Empire, inauguraient pour le combat de nouvelles manœuvres. Le général Morand, l'un des divisionnaires les plus considérables et les plus expérimentés de Napoléon, nous les a fait connaître dans un livre (*l'Armée selon la Charte*, 1829) bizarre dans sa forme et dans quelques-unes de ses vues, excellent au fond et fécond en leçons pratiques de toute sorte. Voyons d'abord comment cet homme de guerre, qui avait fait, par l'éclat de ses services à Austerlitz, Eylau, Friedland, Essling, Wagram et Dennewitz (retraite de Russie), une si grande place dans l'opinion à « la division Morand », envisageait le règlement de son temps, celui de 1791, quant à son application sur le champ de bataille :

« Les manœuvres actuelles ne peuvent, sans un grand danger, être faites devant l'ennemi. En les employant, il arrivera ce qui est arrivé cent fois, le *massacre des bataillons*. Ces manœuvres sont funestes aussi, parce que leur étude distrait de l'étude véritablement guerrière. Elles sont tellement confuses qu'un officier qui parvient à les faire exécuter avec quelque précision passe pour un homme habile. Il y a des généraux qui n'ont pas eu d'autre mérite et qui ont fait battre les troupes qu'ils savaient faire manœuvrer au champ de Mars. Ils étaient incapables de les conduire à l'ennemi, parce que leur tête n'était pleine que de formules et que, contenus dans leur vain savoir, ils n'avaient jamais songé à acquérir la véritable science de la guerre.... *Il faut réduire l'ordonnance à quelques pages*, rejeter tout ce qui est dangereux, tout au moins inutile, ne garder que ce qui est applicable à la guerre, et, au lieu de *fausser* l'esprit des officiers et de charger leur mémoire par une mauvaise étude, faire en sorte qu'ils n'appliquent leur attention qu'à ce qu'il faut pour obtenir des succès. »

Il ajoute : « Une réforme semblable trouvera une grande contradiction, je le sais. Il y a tant d'officiers qui n'ont d'autre mérite que celui de l'ordonnance, qui ont pour elle une véritable admiration. »

« L'école des éclaireurs-tirailleurs renferme toute la science de la guerre », dit le général Morand dans son enthousiasme convaincu. *Porter en avant, en arrière, à droite, à gauche ces petites masses mobiles ainsi protégées, chacune pouvant elle-même se ployer ou se déployer en divers sens,* VOILA TOUTE LA SÉRIE DES MANŒUVRES UTILES ET POSSIBLES DE LA BATAILLE.

Les théoriciens accumuleront un volume de raisonnements, de propositions et de formations autour de ces simples et judicieuses pratiques de guerre; l'emploi des nouvelles armes (à tir sans intermittence) pourra y apporter quelques modifications nécessaires; mais le principe et l'esprit des manœuvres de combat, décrites par le vieux général de l'Empire, demeureront, parce qu'ils sont dans la nature et la force des choses. Il faut les réglementer « en quelques pages » et préparer, par l'éducation de la paix, nos troupes à leur exécution spéciale.

Avant de conclure, je résume cette discussion par des réflexions qui saisiront, je l'espère, l'esprit des officiers de l'armée française à qui ne déplairait pas ce que j'ai appelé ailleurs « la vérité désagréable ». Pendant que nous faisions obstinément revivre, dans nos habitudes et dans nos règlements, les doctrines du grand Frédéric, les puissances militaires du Nord s'appropriaient graduellement les méthodes qui appartenaient aux pratiques françaises de l'Empire. La Prusse, en particulier, préparait par elles la transformation de son organisme militaire, dans un grand travail intérieur auquel la Révolution de 1848 et les enseignements de la guerre de Crimée (1) donnèrent une vive impulsion. Elle fit ensuite entrer dans ses règlements théoriques et dans ses usages les principes et les moyens nouveaux dont la guerre d'Italie, la guerre de la sécession en Amérique et les découvertes successives de la science conseillaient l'adoption. Elle fit, sur une petite échelle,

—————

(1) L'armée russe et l'armée prussienne offraient, au moment de la guerre de Crimée, de grandes analogies d'habitudes et d'attitude.

ses essais dans la guerre de Danemark qui fut en quelque
sorte une « répétition », et, satisfaite des résultats de cette
expérience, elle aborda sans hésitation, avec une armée
rajeunie, moderne, d'un modèle nouveau, pleine de confiance dans les moyens dont ne disposaient pas ses adversaires, la grande entreprise qui avait été constamment le
but de ses longs et patients efforts.

Nous nous livrons, nous aussi, par intermittence, à des
recherches et à des travaux, mais trop souvent au hasard
et, dans les petites choses, sans but défini, dans une agitation qui reste improductive. J'ai montré (voyez l'épigraphe de ce chapitre) que les écrivains militaires étrangers
qui nous sont bienveillants nous pressent depuis longues
années de sortir de cette situation dont ils s'étonnent au
plus haut point; que les écrivains militaires étrangers,
qui nous sont moins bienveillants, se promettent d'en
bénéficier et en montrent les moyens. J'ai moi-même, à
dater de la guerre d'Italie, consacré de sincères et stériles
efforts à signaler cette situation et à en réclamer le redressement. Je les renouvelle ici.

Je demande que la complication de l'appareil réglementaire des manœuvres de toutes armes soit remplacée par
la simplicité; que toutes les écoles, dans nos régiments,
soient précédées et préparées par l'*école de gymnastique*,
avec ou sans machines, dont les exercices, tenus pour
articles de foi, seraient généralisés, pratiqués tous les
jours, encouragés à ce point qu'ils entreraient dans le
goût des troupes et deviendraient pour elles un vif objet
d'émulation, au lieu d'être considérés comme une corvée
exécutable à de certains jours par quelques-uns; que les
exercices de garnison réduits, unifiés, rajeunis, et gardant
leur caractère théorique préparatoire, soient complétés
par un code pratique de *manœuvres de combat* « en quelques pages » et à la portée de tous; que, dans ce règlement

spécial (1), les commandements compendieux, confus, différents pour obtenir les mêmes effets ou des effets analogues, disparaissent; que les moyens à employer, comme les résultats à atteindre, ne tendent pas à exciter l'admiration de la foule par la difficulté vaincue et par les succès de précision et de régularité obtenus, mais qu'ils se renferment invariablement et exclusivement dans l'étroite sphère de *l'utile et du possible* le jour du combat; qu'enfin les récitations littérales cessent, et que généralement tout ce qui constitue *le tour de force*, dans les études théoriques régimentaires, soit définitivement écarté.

(1) Les armées des puissances du Nord ont toutes ce règlement spécial.

LES ARMÉES EN CAMPAGNE

———

« L'enthousiasme contenu et dirigé
porte les armées aux grandes actions.
L'exaltation sans mesure crée le désordre et prépare le découragement. »
(Maréchal BUGEAUD.)

J'expose une sorte de philosophie *réaliste* de la guerre
et du combat. Aux yeux du plus grand nombre, cette
philosophie reste environnée des mirages que les poètes,
les causeurs de salon, la vanité, l'imagination publique
ont accumulés autour d'elle. Mes dires et les conclusions
que j'y rattacherai vont surprendre, et surprendre dés-
agréablement, les personnes qui aperçoivent la guerre à
travers ces partis pris remplis de brillantes illusions
qu'entretiennent les journaux, les livres, et, quelquefois,
il faut le confesser, les récits des militaires qui parlent de
la guerre, *alors qu'ils en sont revenus*. Les uns et les autres
sonnent presque invariablement la trompette héroïque;
les généraux sont habiles; les officiers, les soldats sont des
modèles de vaillance et de dévouement, et cet ensemble
marchant à l'ennemi « comme un seul homme » le joint,
le bat et le disperse. Tel est, dans tous les pays dont les
armées ont une histoire, le sentiment de la foule (1).

———

(1) En France, pour consacrer cette invincibilité de nos armes, nous
avons admis, à l'adresse de l'armée, des formules laudatives et admi-

En général, les qualités et les défauts des armées et les causes vraies de leurs triomphes ou de leurs revers échappent au jugement des peuples intéressés. Ils sont, à cet égard, très naturellement, d'ailleurs, livrés à des préjugés et à des passions qui leur cachent la vérité. Et c'est ainsi que la décadence des mœurs militaires et des institutions militaires, grande maladie morale qui précède et prépare toujours, dans l'histoire, la décadence des peuples eux-mêmes, est expressément l'une de ces maladies que la médecine appelle *insidieuses*. On ne la voit pas naître, on ne la voit pas se développer, et, quand tout à coup ses redoutables effets éclatent, le mal est sans remède et tout est perdu.

Je viens donc attester ici une vérité dont ma propre expérience m'a pénétré, en exprimant que *rien ne ressemble moins à la guerre et au combat que ce qu'on en raconte.*

La guerre, qui impose tant de sacrifices en hommes et en argent aux peuples qui s'y engagent, tant d'épreuves et tant d'efforts aux armées qui la font, donne spécialement lieu, dans les contrées qui sont le théâtre de la lutte, à d'inévitables désordres. Ils dégénéraient toujours autrefois et dégénèrent encore quelquefois aujourd'hui, en sévices, en violences, en ruines dont souffrent les innocentes et habituellement inoffensives populations que foulent les armées. C'est là que se rencontrent les maux les plus réels, les plus étendus, les plus douloureux de la guerre. On en parle peu, si on en parle, car la voix de ces

---

ratives qu'on retrouve partout et qui tombent, par là, dans la banalité. Exemple entre cent : « Là où est le soldat français, là est la victoire. » (*Extrait d'un texte officiel.*)

Je ne saurais me résigner à passer pour un mauvais citoyen, parce que je pense et parce que je dis que l'armée française n'a rien à gagner, par ces excès, en attitude et en dignité, devant les autres armées de l'Europe et devant elle-même.

populations accablées est étouffée par les retentissements du champ de bataille et de la politique. Le spectacle de ces destructions et de ces souffrances est navrant pour les hommes de guerre qui ont quelque hauteur d'âme. Ils s'étonnent que la civilisation moderne, qui est si fière d'avoir remplacé partout la force, dans les transactions individuelles, par des principes et par la loi, en soit encore à régler le contentieux international par le déchaînement des fléaux de la guerre. Leur esprit se remplit de dédain pour ces héros 'e salon qui la souhaitent et qui la célèbrent, dans un la ·age de convention où se révèlent leur vanité, leur ignor ·nce, leur ambition et leurs prétentions. Mais en même temps toutes leurs facultés morales et intellectuelles s'élèvent par le sentiment des devoirs et des responsabilités que leur crée le commandement, à quelque degré de la hiérarchie qu'ils l'exercent dans la guerre.

Plier, par l'autorité du caractère et de l'exemple, leurs troupes aux habitudes et aux règles d'une ferme discipline, les disposer à de bienveillants ménagements pour les populations paisibles (1), inspirer au soldat, avec le respect de lui-même, le respect de la mission qu'il tient de son pays, et le dévouement porté jusqu'au libre sacrifice de la vie pour les intérêts que représente son drapeau : quels soins plus dignes d'occuper un grand cœur et un grand esprit ! C'est une magnifique direction d'affaires avec charge d'âmes, et on s'explique, en envisageant la profession des armes par ce noble aspect, le prestige qui l'entoure et le rang que, même dans ces temps voués au culte des intérêts matériels, elle garde parmi les autres carrières publiques.

_____

(1) En campagne, le soldat *détruit p ur détruire*, comme font les enfants, s'il n'a pas reçu préalablement une forte éducation spéciale commencée dans la paix, continuée dans la guerre.

Restant à ce point de vue, je crois fermement que les guerres, qui ont le double caractère *du droit et de la nécessité*, exaltent le patriotisme national, arrachent la société aux jouissances énervantes d'une longue paix, et refont sa virilité en retrempant les caractères.

On doit s'attendre à ce que, ayant à l'égard des armées, de leur mission et de leurs luttes, les sentiments que j'ai exprimés jusqu'à présent, je ne parlerai du drame de la guerre qu'avec réflexion, avec une sorte de respect pour les vaincus comme pour les victorieux, sans parti pris, dans un libéralisme impartial qui n'a souci que de la réalité et de la justice.

Il est un préjugé cher à la multitude, et qui domine surtout dans la tradition française. C'est le mérite qu'elle prête et le prix qu'elle attache à cet état particulier de l'esprit des armées qu'on appelle *l'enthousiasme*.

Que n'a-t-on pas raconté de l'enthousiasme des premières armées issues de notre révolution de 89, qui furent opposées en 92, sous Dumouriez (1), à la coalition austro-prussienne envahissant le territoire? Et quels effets l'opinion du temps, reflétée dans l'histoire, ne lui a-t-elle pas attribués sur les succès militaires qui désorganisèrent cette coalition? La vérité, que le général en chef nous apprend lui-même, et qu'expose avec beaucoup d'autorité, en entrant, à cet égard, dans les détails les plus intéressants, le maréchal Gouvion-Saint-Cyr, qui avait fait toutes les campagnes du Rhin et de Rhin-et-Moselle, c'est que la partie des troupes qui représentait spécialement dans cette armée l'enthousiasme fut constamment, à Valmy, à Jemmapes, à Nerwinde, l'embarras, l'empêchement et le péril des intelligentes opérations de Dumouriez.

---

(1) Officier général instruit, bien doué, sachant la guerre et la faisant avec une remarquable habileté, mais à qui manquait la qualité essentielle, le *caractère*.

L'enthousiasme politique et religieux le plus ardent ne
servit pas mieux les efforts des armées successivement
formées en Écosse par les Stuarts, pour ressaisir la couronne que la révolution de 1688 leur avait arrachée. De
brillantes victoires, celles de Prestons-Pans et de Falkirk,
ne purent conjurer le désastre final de Culloden et la ruine
des entreprises des successeurs de Jacques II.

Les armées de la Vendée, elles aussi, combattaient
pour leur foi et pour leur roi. Elles débutèrent dans la
guerre avec un vif enthousiasme, que soutinrent quelque
temps les actes d'incontestable héroïsme et les premiers
succès de Lescure, de La Rochejaquelein, de Charette.
Mais elles durent enfin succomber devant l'organisation
plus solide et les opérations plus méthodiques des troupes
républicaines.

L'enthousiasme dans les masses armées crée ce que le
maréchal Bugeaud appelait « les ardeurs du départ », ardeurs éphémères qui ne sauraient résister aux fatigues
écrasantes, aux effets souvent accablants des intempéries,
aux épreuves morales longtemps continuées, encore moins
aux revers. Par une réaction inévitable et très dange-
reuse, elles sont remplacées, surtout dans les imaginations
françaises mobiles et facilement impressionnées, par une
tiédeur qui tourne tôt au découragement, quand arrive la
mauvaise fortune.

L'enthousiasme dans les troupes régulières solides et
aguerries ne sert pas mieux leur action, quand il n'est
pas contenu, dirigé, et quand il tourne au désordre dans
une crise où l'ordre, la méthode et le calme sont les éléments nécessaires du succès. Pour justifier cette asser-
tion, je laisserai parler le maître dans l'une des leçons
qu'il nous donnait le plus volontiers sur l'attaque des
positions :

« J'ai servi sept ans dans la péninsule, disait le maré-

» chal Bugeaud. J'y ai quelquefois battu les Anglais, dans
» des rencontres isolées et des coups de main dont, à
» titre d'officier supérieur détaché, j'avais la préparation
» et la direction (1). Mais, pendant cette longue période
» de guerre, j'ai eu le chagrin de ne voir qu'un petit
» nombre d'opérations d'ensemble, où l'armée anglaise
» ne l'emportât pas sur la nôtre. La raison en était très
» apparente. Nous attaquions à peu près invariablement
» nos adversaires, sans tenir aucun compte de notre propre
» expérience, dans des conditions qui nous réussissaient
» presque toujours contre les Espagnols, qui échouaient
» presque toujours devant les Anglais.

» Ils occupaient le plus habituellement des positions dé-
» fensives bien choisies, offrant un certain relief, et où ils
» ne montraient qu'une partie de leur monde. La canon-
» nade obligée avait son cours. Bientôt, en hâte, sans
» étudier la position, sans prendre le temps de reconnaître
» les voies par lesquelles on aurait pu tenter des attaques
» latérales ou tournantes, nous marchions à l'ennemi,
» prenant, comme on dit, le taureau par les cornes.

» Parvenus à mille mètres de la ligne anglaise, nos sol-
» dats s'agitaient, échangeant entre eux leurs idées, et
» précipitaient leur marche qui montrait un commence-
» ment de décousu. Les Anglais silencieux, l'arme au
» pied, offraient, dans leur impassible immobilité, l'as-
» pect d'une longue muraille rouge, ensemble imposant
» qui ne laissait pas d'impressionner les novices.

» Bientôt, les distances se rapprochant, les cris répétés
» de « Vive l'Empereur! En avant! A la baïonnette! »
» éclataient parmi nous, les shakos montaient au bout
» des fusils, la marche tournait à la course, les rangs ten-

(1) Le beau combat du col d'Ordal est le plus remarquable de ces
coups de main.

» daient à se confondre, l'agitation devenait tumulte,
» beaucoup tiraient en marchant. La ligne anglaise, tou-
» jours silencieuse et immobile, et toujours l'arme au
» pied, alors même que nous n'en étions plus qu'à trois
» cents mètres, semblait ne pas apercevoir l'orage qui
» allait fondre sur elle.

» Le contraste était saisissant. Plus d'un parmi nous
» trouvait, en son fond, que l'ennemi était bien lent à
» faire feu et calculait que ce feu, si longtemps contenu,
» serait tout à l'heure très incommode. Nos ardeurs s'at-
» tiédissaient. L'influence morale, irrésistible à la guerre,
» du calme qui semble inébranlable (alors même qu'il ne
» l'est pas) sur le désordre qui s'étourdit dans le bruit,
» pesait sur nos âmes.

» A ce moment de pénible attente, la muraille anglaise
» faisait un quart de conversion (elle apprêtait les armes).
» Une impression indéfinissable fixait sur place bon
» nombre de nos soldats qui commençaient un feu incer-
» tain. Celui de l'ennemi, plein d'ensemble et de préci-
» sion, nous foudroyait (1). Décimés, nous tournions sur
» nous-mêmes, cherchant à ressaisir notre équilibre, et
» alors trois hourras formidables rompaient enfin le
» silence de nos adversaires. Au troisième, ils étaient sur
» nous, pressant notre retraite désordonnée. Mais, à
» notre grand étonnement, ils ne poussaient pas leur
» avantage au d'' '. d'une centaine de mètres et rentraient
» calmes dans le .. .ignes, pour attendre un deuxième
» assaut, qu'avec des renforts survenus nous manquions

(1) Le maréchal tenait le feu de l'infanterie anglaise pour le mieux
ajusté qui fût. Elle a encore aujourd'hui, sous ce rapport, une réputation méritée qu'avaient avant elle au plus haut degré les archers anglais du moyen âge. Elle est expliquée dans tous les temps par le sang-
froid particulier, qui va jusqu'au flegme, des hommes de cette race.

» rarement de tenter, dans les mêmes conditions, et trop
» souvent avec le même insuccès et de nouvelles pertes. »

Que conclure de ce tableau saisissant, présenté par un
homme sincère qui, resté grenadier de la grande armée,
tout maréchal de France qu'il fût devenu, avait consacré
sa vie à l'observation philosophique des choses de la guerre,
et cherchait à former l'expérience de la jeunesse qui l'en-
tourait ? C'est que l'enthousiasme qu'il appréciait fort, et
que sa parole ardente et confiante savait si bien communi-
quer aux troupes, n'est une force qu'autant qu'il est
opportun, contenu, réglé; qu'il doit se traduire par la résolution dans l'attitude et dans l'action.

L'armée d'Isly, impressionnable et ardente autant qu'aucune armée française, a montré, comme je l'ai dit ailleurs,
que la nature de nos soldats peut se plier, quand on sait
l'y contraindre *par l'éducation*, à toutes les exigences du
bon ordre, de la méthode et de la règle dans le combat.

LE COMBAT

Le combat, dans sa réalité, est un drame saisissant. Il remue profondément l'âme humaine et la soumet, alors même qu'elle est préparée par de généreuses aspirations, par l'éducation, par l'habitude, à des épreuves multipliées, variables, imprévues. Celles qui viennent assaillir les officiers chargés du commandement, à ses divers degrés, avec une responsabilité proportionnelle, diffèrent de celles qui atteignent la foule des combattants, mais tous en ont leur part, et la plus lourde pèse naturellement sur le commandant en chef.

Devant ces épreuves, les hommes sont très inégaux entre eux. Et souvent il arrive qu'ils sont très inégaux par rapport à eux-mêmes, c'est-à-dire par rapport à ce qu'ils ont été dans d'autres combats. C'est que le ressort, l'entrain, la bravoure, l'intelligence elle-même ont leurs bons et leurs mauvais jours. Des préoccupations de famille ou d'affaires, l'état du moral, l'état de la santé, l'excès du froid, l'excès du chaud, la fatigue, la faim, la soif influent invinciblement sur les dispositions que chacun apporte dans la lutte. On sait que, dans les guerres du premier Empire, on distinguait entre la valeur, l'Empereur présent, et la valeur, l'Empereur absent, de certains généraux ; et que la confiance des soldats, dans les mêmes circonstances, s'exaltait ou s'affaiblissait. Enfin, de grands revers, dont les effets moraux sont redoutables parce qu'ils sont généralisés et s'étendent à tout le monde, introduisent, avec le doute, la tiédeur dans l'esprit et quelquefois dans les efforts des troupes.

Je résume ces observations en disant qu'aucun homme de guerre dirigeant, fût-il à l'épreuve de cent combats, ne peut sans excès répondre absolument d'avoir, à un jour donné, la pleine et entière possession de ses facultés directrices ; qu'aucun exécutant n'est assuré de se ressembler toujours à lui-même et de rester toujours au dessus des impressions qui peuvent le saisir. Et ma conclusion, que j'ai déjà exprimée ailleurs, c'est que, entre toutes les qualités d'un homme de guerre, celle qui témoigne le plus hautement de la solidité de son caractère et de la réalité de sa valeur, *c'est la modestie*.

D'un autre côté, le combat enflamme le patriotisme, le courage, le dévouement, les ambitions. Toutes ces causes certaines d'excitation et les causes possibles d'affaiblissement que j'ai énumérées se partagent les esprits et les agitent en des sens différents. Il semble que, par l'intensité comme par la diversité des sentiments, des émotions, des intérêts, des passions, que provoque l'attente de la crise, on puisse à l'avance en mesurer la grandeur.

Cette agitation des esprits, soigneusement contenue, reste latente pendant le cours des mouvements qui précèdent le combat, et, lorsque la troupe arrive à cette zone où le sifflement des premiers boulets, lancés de loin et encore inoffensifs ou à peu près, l'avertit que le péril est proche, ses impressions ne se manifestent que par un silence profond. C'est le moment, pour les hommes qui commandent, d'agir sur l'esprit des troupes françaises, auxquelles il faut montrer un visage serein et faire entendre des paroles enflammées que leur porte une voix vibrante. C'est à ce moment que l'empereur Napoléon, parcourant le front des lignes prêtes à s'engager, trouvait des mots qui électrisaient le soldat : « En avant, la France vous regarde ! »

C'est aussi l'heure de manœuvrer, c'est-à-dire de prendre les formations tactiques que conseillent les dispositions du terrain, les mouvements de l'ennemi et les circonstances. Car les troupes sont encore tout entières à leurs généraux : elles ont les yeux sur eux, elles attendent tout d'eux, et elles obéissent silencieusement à leur parole. Encore un instant, et leur voix et toutes les voix du commandement seront dominées par la tempête du combat. Le canon se rapproche et tonne, la fusillade éclate, les boulets passent en trouant les lignes ; les balles pleuvent en blessant et tuant ; des ondes de mitraille, dessinées sur le sol par les soulèvements réguliers d'une poussière épaisse, cheminent en ricochant vers les rangs, les atteignent et les renversent. L'atmosphère est tourmentée par mille bruits à la fois sourds et aigus. Le terrain se couvre de morts, de mourants qui expirent dans d'intraduisibles convulsions, de blessés qui se traînent péniblement cherchant l'abri des haies, des fossés, des murs de clôture, pour échapper aux pieds des chevaux et aux roues de l'artillerie. Partout des amas d'armes, de coiffures, de havresacs ; partout des chevaux étendus ou qui errent épouvantés sans maître, annonçant à l'infanterie immobile que la charge vient de passer près d'elle ! Des soldats, accumulés en nombre toujours excessif (1) autour de leurs officiers blessés, les transpor-

---

(1) Quand, en vue du combat, les troupes n'ont pas reçu une forte préparation ; quand elles n'ont pas été à l'avance pénétrées de cette idée que « le plus sûr moyen de servir les blessés, c'est de battre l'ennemi, attendu que dans la défaite ils sont horriblement sacrifiés », on voit une foule extraordinaire de soldats se jeter sur eux pour les emporter, malgré le règlement qui le défend. L'effectif des combattants en est réduit dans une proportion notable, et c'est un grave désordre. Il y a là un premier sentiment naturel et très avouable, celui d'assister ; et un deuxième, naturel aussi, mais moins avouable, celui de se soustraire aux coups, en donnant à cette retraite le passeport d'une bonne action.

tent sur les derrières, cherchant le drapeau à croix rouge des ambulances et réclamant des secours. Des groupes dépareillés qui ont subi des pertes extraordinaires, désertent le combat la tête égarée, annonçant que l'ennemi les suit, que tous leurs camarades ont été tués, que tout est perdu. D'autres groupes réguliers, venant des réserves, opposent aux premiers le contraste de leur confiance et de leur ardeur; ils courent en avant, s'excitant mutuellement à une offensive résolue.

O vous tous, hommes de gouvernement et de commandement, qui avez été les témoins de ces crises indescriptibles, dites : pensez-vous *qu'à ce moment* l'appât de la gloire pour quelques-uns, des récompenses pour quelques autres, suffisent à soutenir les cœurs soumis à de telles épreuves? Non, il leur faut un plus noble excitant. Il leur faut le haut sentiment des grands devoirs et du sacrifice. C'est alors que, dans leur liberté, ils marchent fermement et dignement à la mort. Et, parmi eux, ceux-là seulement ont la sérénité, qui croient à une autre vie !

Au milieu de ce désordre et de cette destruction qui sont comme le chaos, les individualités, même les plus grandes dans la hiérarchie, semblent disparaître. Les troupes ne voient plus leur chef; lui-même ne les aperçoit que dans un ensemble tumultueux et confus. Les officiers porteurs de ses ordres n'arrivent pas tous à leur destination, ou ne reviennent pas tous à leur point de départ. Quelques-uns ont été tués, blessés, pris, ou se sont égarés. Les nouvelles manquent. Si elles abondent, celles qui sont défavorables et inquiétantes priment le plus souvent les bonnes, particulièrement quand l'action est incertaine et longtemps disputée. Les officiers qui sont jeunes, inexpérimentés, impressionnables, sont là de « vrais enfants terribles ». Un premier accourt effaré : il annonce que la droite plie; un deuxième que le centre est menacé d'un

gros orage de cavalerie ; un troisième que la gauche est
tournée. Tous se font l'écho des instances des commandants particuliers, lesquels, ne se préoccupant que de leur
propre situation et n'apercevant pas les exigences de
l'ensemble, demandent des renforts. Si le chef se laissait
aller aux premiers mouvements provoqués par les observations et avis qui se succèdent autour de lui, toutes les
réserves auraient marché avant l'heure, et, au moment
décisif, il serait désarmé. Il faut qu'il reste froid, étudiant,
jugeant, attendant qu'une éclaircie se fasse au milieu
de ces obscurités, qu'un apaisement momentané de la
lutte se produise par un commencement de retraite de
l'ennemi ou par d'autres circonstances. Alors il parcourt
les lignes, rétablit l'ordre, prescrit des dispositions, res-
saisit enfin le *commandement personnel* et poursuit le
combat.

Ainsi, pendant la crise, les troupes seraient à peu près
abandonnées à elles-mêmes, si elles n'étaient soutenues,
encouragées, dirigées par les officiers, par les sous-officiers
et par l'ensemble des chefs inférieurs qui fonctionnent
autour du rang et dans le rang. Et c'est ici que se montre
dans tout son éclat le rôle des cadres, en apparence si
modeste, en réalité si grand ! Les échanges de chaque jour,
les habitudes de la vie et du devoir en commun, ont créé
entre ces hommes et le soldat une précieuse solidarité. Il
connaît leur voix, il obéit à leur geste ; ils sont ses tuteurs,
ses éducateurs ; et s'ils lui ont appris à honorer leur caractère, à se confier à leur expérience, il les suit dans le
péril *et ne sépare jamais sa fortune de la leur*. Les cadres
sont la force des armées, et l'éducation *morale et professionnelle* des cadres, en vue de la guerre, devrait être la
constante préoccupation des généraux vraiment dignes et
vraiment capables de remplir leur mission auprès des
troupes.

Je crois utile de placer ici des observations que j'ai
recueillies avec beaucoup de suite et de soin, et qui forment une intéressante étude psychologique militaire.

Dans les armées, à propos de la guerre, beaucoup
d'hommes conseillés par l'amour-propre professionnel
qui est très vif, se font, souvent de bonne foi, une
physionomie, des habitudes, un langage particuliers. C'est
un ensemble en quelque sorte artificiel, qui s'efface
irrésistiblement pendant le combat, pour faire place à
l'attitude vraie que comportent les instincts naturels de
chacun. Là les hommes bien trempés et réellement braves
montrent avec éclat cette qualité à laquelle le sentiment
public militaire ne manque jamais de rendre hommage.
On en voit qui, ordinairement loquaces sur la guerre et
ardents à la parole, tombent dans un silence morne et
accablé. Des matamores qui ont, dans la paix, l'épée toujours prompte, et qui se sont acquis une réputation théorique de vaillance, se montrent profondément troublés;
quelques-uns même, incapables de celer leur émotion et
d'en mesurer les effets, disparaissent honteusement pendant l'action. D'autres, bien que livrés à une douloureuse
agitation, la contiennent à force de caractère, mais ils ne
voient rien, n'entendent rien, ne peuvent rassembler
leurs idées, et sont également incapables de conduire et
d'être conduits. Des hommes froids, doux, souvent jugés
timides dans la garnison, montrent un courage entraî-
nant et sont du meilleur exemple. Des étourdis, dont on
tient la tête pour mal équilibrée, font preuve d'un calme,
d'une solidité de jugement, d'une aptitude directrice inat-
tendue. En tout, le combat est un infaillible critérium,
une pierre de touche qui donne exactement la mesure, à
leur insu et comme malgré eux, de la valeur professionnelle des hommes de guerre et de leurs aptitudes spéciales. Et on doit bien comprendre à présent pourquoi,

depuis que les armées existent, il s'y est rencontré des amitiés dont la solidité est restée proverbiale. C'est que le lien formé entre deux hommes qui ont appris à se connaître et à s'estimer, en se prêtant réciproquement l'assistance militaire, au milieu des périls et des émotions du combat, est plus durable que tous les liens connus. Il n'est peut-être pas de parenté plus étroite que cette parenté du champ de bataille.

Après le combat, par un revirement dont les effets sont singuliers, la plupart, parmi les survivants, reviennent graduellement à l'attitude qui leur était habituelle auparavant, sans paraître avoir souvenir des transformations qui s'étaient opérées en eux pendant la crise. Un spectacle nouveau s'offre alors à l'observation philosophique. Chacun, dans la mesure de sa situation, s'efforce d'attirer à soi les bénéfices du succès ou d'écarter de soi les responsabilités de la défaite. L'amour-propre, l'orgueil, l'ambition s'engagent dans des agissements qui ne sont pas toujours sincères ni avouables. On est loin des émotions du combat où l'on servait, à visage forcément découvert comme je l'ai dit, un grand intérêt public. C'est actuellement la bataille des intérêts personnels. Plus d'un habile se présente avec un masque devant l'opinion, et cherche à tenir d'elle une part de ses faveurs, avec une place au bulletin et dans les récompenses. Aussi, que d'actions d'éclat douteuses qui ont les honneurs de la publicité! Que d'actes vrais de bravoure et de dévouement que leurs auteurs n'ont pas trompettés ou qu'ils ont payés de leur vie, ce qui arrive trop souvent, ou auxquels ils doivent de graves blessures qui les tiennent éloignés, demeurent ignorés ou ne sont connus que trop tard (1)!

(1) « J'ai admiré, dans le cours de ma carrière militaire, le talent des

Ces choses, je les ai souvent vues et toujours j'en ai été attristé. *C'est l'exploitation de la guerre* où les morts, les blessés disparus et les modestes ont tort, pendant que les survivants, les présents et les audacieux ont raison.

> *Sic vos non vobis fertis aratra, boves.*

Je ne parle bien entendu que des pauvres gens qui appartiennent à la foule, et non des personnages militaires qui ne sont oubliés dans aucun cas. Mais j'en ai dit assez pour montrer quel grand devoir c'est, pour le commandement, de rechercher et de démêler la vérité au milieu de ce conflit des ambitions et des prétentions. On ne concède jamais aux généraux, après le combat, que *quelques heures* pour cet important travail qui exigerait plusieurs jours de recherches, d'informations contradictoires et d'examen! C'est une aberration traditionnelle que je déplore, et contre laquelle, autant que je l'ai pu, je me suis toujours élevé. C'est à la guerre qu'on reconnaît la valeur de cet aphorisme que j'ai exprimé à propos des travaux de la paix : « L'état moral des armées se rattache directement à l'influence que les actes rémunérateurs ont sur l'esprit des masses militaires, *et au jugement qu'elles en portent.* »

D'ailleurs, au milieu des injustices ou des erreurs des hommes et de la destinée, la vérité et les honnêtes gens rencontrent les sérieuses consolations que la Providence, outre le sentiment du devoir accompli, met en réserve pour le soutien des âmes. La vérité chemine dans la foule moins vite que l'erreur, mais elle va toujours et elle va

---

gens qui s'esquivent, au moment du danger, et toujours sans se compromettre. » (Général de FRESSAC, *Souvenirs militaires de 1804 à 1814.*)

sûrement. Elle s'élève vengeresse contre *les exploitants de la guerre*, à un moment donné de leur carrière, en les destituant, devant leurs pairs et devant leurs subordonnés, de cette *autorité morale* sans laquelle, dans les armées, le commandement est virtuellement frappé d'impuissance.

FIN

TABLE DES MATIÈRES

Paris et Limoges. — Imprimerie militaire Henri Charles-Lavauzelle.

Librairie militaire Henri CHARLES-LAVAUZELLE

Paris, 11, place Saint-André des Arts.

Histoire militaire de la France, de 1618 à 1871, par Emile Simond, lieutenant au 28e de ligne. — 2 volumes in-32, reliés toile anglaise....... 4 50

Ministère de la guerre. — **Histoire militaire**, avec 12 cartes. — Volume in-18 de 216 pages... 4 50

L'armée française à travers les âges, par L. Jablonski :

Tome I". — Des origines de notre pays jusqu'à Philippe le Bel. — De Philippe le Bel à la bataille de Fontenoy.

Volume in-18 de 501 pages, broché........................ 5 »

Tome II. — De Louis XIV à la Révolution. — L'armée pendant la Révolution et sous l'Empire.

Volume in-18 de 430 pages, broché........................ 5 »

Tome III. — De la Restauration à 1848. — De 1848 jusqu'à 1870.

Volume in-18 de 540 pages, broché........................ 5 »

Tome IV. — Le droit des gens. — La préparation à la guerre. — Éléments qui composent l'armée : combattants et non-combattants, services administratifs.

Volume in-18 de 498 pages, broché........................ 5 »

Tome V. — Art militaire. — Historique des écoles militaires. — Historique des drapeaux français.

Volume in-18 de 428 pages, broché........................ 5 »

Histoire de l'infanterie en France, par le lieutenant-colonel Belhomme, du 73o d'infanterie.

Tome I. — La Gaule : les Galls, l'infanterie romaine, la Gaule romaine, l'empire d'Occident ; la conquête franque : Chlodovig, les Mérovingiens, les Carolingiens ; la France : les Carolingiens, les Capétiens, les Valois ; l'armée permanente : Charles VII, Louis XI, Charles VIII, François I", Henri II, François II, Charles IX, Henri III, Henri IV, Louis XIII.

Volume in-8o de 400 pages, broché.......................... 5 »

Ouvrage honoré d'une souscription du ministère de la guerre.

Tome II. (*Sous presse*.)

Tome III et IV. (*En préparation*.)

Etude sommaire des campagnes d'un siècle, par le capitaine Ch. Romagny, ex-professeur adjoint de tactique et d'histoire à l'Ecole militaire d'infanterie.

Campagnes de 1792-1800. — 1 volume (4 cartes).

— 1800. — 1 volume (4 cartes).

— 1805. — 1 volume (2 cartes).

— 1813. — 1 volume (4 cartes).

— 1814. — 1 volume (1 carte).

— 1815. — 1 volume (1 carte).

— 1859. — 1 volume (1 carte).

— 1866. — 1 volume (4 cartes).

— 1877-78. — 1 volume (3 cartes).

9 volumes in-32, brochés, l'un................................. » 50

Reliés toile anglaise, l'un.................................... » 75

Précis de quelques campagnes contemporaines, par le commandant H. Busac, breveté d'état-major.

I. — Dans les Balkans. Ouvrage accompagné de 19 cartes et plans du théâtre des opérations, 1893. — Volume in-8o de 336 pages, broché..... 5 »

Ouvrage honoré d'une souscription des ministères de la guerre et de la marine et des colonies.

II. — Afrique. (*Sous presse*.)

III. — Asie. (*En préparation*.)

Guerre franco-allemande de 1870-1871, par le capitaine Ch. Romagny, ex-professeur adjoint de tactique et d'histoire à l'Ecole militaire d'infanterie. Ouvrage accompagné d'un atlas comprenant 18 cartes-croquis en deux couleurs. — Volume grand in-8o de 393 pages, et l'atlas......... 10 »

Cet ouvrage a été honoré d'une souscription des ministères de la guerre et de l'instruction publique, et d'une médaille d'honneur de la Société d'instruction et d'éducation.

Memento chronologique de l'histoire militaire de la France, à l'usage des sous-officiers candidats aux écoles militaires de Saint-Maixent, Saumur, Versailles et Vincennes, par le capitaine Ch. Romagny, ex-professeur adjoint de tactique et d'histoire à l'Ecole militaire d'infanterie. — Volume in-18 de 316 pages, broché... 4 »

www.ingramcontent.com/pod-product-compliance
Lightning Source LLC
Chambersburg PA
CBHW051736090426
42738CB00010B/2283